Marco von Münchhausen
Konzentration

MARCO VON MÜNCHHAUSEN

Konzentration

Wie wir lernen, wieder ganz bei der Sache zu sein

GABAL

Bibliografische Information der Deutschen Nationalbibliothek

Die Deutsche Nationalbibliothek verzeichnet diese Publikation in der Deutschen Nationalbibliografie; detaillierte bibliografische Daten sind im Internet über http://dnb.d-nb.de abrufbar.

ISBN 978-3-86936-719-4

Redaktionelle Mitarbeit: Ingo P. Püschel
Lektorat: Dr. Sandra Krebs, GABAL Verlag GmbH, Offenbach
Umschlaggestaltung und Titelfoto: Stephanie Böhme, Strategische Konzeption und Design, Neuwied
Autorenporträt: Hüttenhain
Satz und Layout: Das Herstellungsbüro, Hamburg | www.buch-herstellungsbuero.de
Druck und Bindung: Salzland Druck, Staßfurt

www.gabal-verlag.de
www.facebook.com/Gabalbuecher
www.twitter.com/gabalbuecher

Inhalt

Konzentration – das verlorene Gut

Stellen Sie sich vor, Sie sitzen auf der Terrasse eines Wellnesshotels auf dem Lande und wollen in Ruhe einen Brief schreiben. Doch alle paar Minuten kommt jemand, begrüßt Sie, fragt etwas oder klopft Ihnen auf die Schulter, bittet um etwas, starrt Sie an und lenkt Sie ab. Fast wie in dem bekannten Loriot-Sketch, in dem der Restaurantgast nicht dazu kommt, seine Kalbshaxe zu verspeisen, weil er ständig gefragt wird, ob es ihm schmeckt.

Ununterbrochen unterbrochen

So wie der Gast nicht zum Essen kommt, können auch Sie Ihren Brief nicht schreiben – und nicht viel anders geht es den meisten Menschen heute in der Arbeitswelt. Sie können sich nicht mehr konzentrieren, weil sie ununterbrochen unterbrochen werden. Fast noch schlimmer ist: Sie merken dies gar nicht mehr, weil sie sich schleichend daran gewöhnt haben und es allen anderen genauso geht.

Der Verlust der Konzentration und die ständigen Unterbrechungen am Arbeitsplatz sind in den letzten zehn Jahren zum Hauptproblem der Arbeitswelt, möglicherweise des modernen Lebens überhaupt geworden. Nach Umfragen des Gallup-Institutes ist der daraus folgende wirtschaftliche Schaden immens. Allein die US-Volkswirtschaft verliert durch Unterbrechungen am Arbeitsplatz jährlich über 500 Milliarden US-Dollar. Beängstigend ist auch eine Studie aus Großbritannien: Danach antworten 85 Prozent aller Mitarbeiter eines Großunternehmens innerhalb von zwei Minuten auf eine E-Mail – 70 Prozent sogar innerhalb von sechs Sekunden! Da bleibt wenig Zeit zum Nachdenken.

Dieses sofortige Reagieren auf jedes neue Signal und damit die grundsätzliche Bereitschaft, eine andere Tätigkeit zu unterbrechen, ist kontraproduktiv im wahrsten Sinne des Wortes. Wenn man zudem berücksichtigt, dass es bis zu 30 Minuten dauern kann, bis man den ursprünglichen Faden wieder aufgenommen hat, wird das Ausmaß dieser Unterbrechungsmisere noch deutlicher.

Die Fähigkeit zur Konzentration ist eine wichtige Schlüsselqualifikation in der modernen Arbeitswelt, ein entscheidender Faktor für Erfolg und Effizienz. Aber wie geht das überhaupt, sich zu konzentrieren?

»Jetzt konzentrier dich doch mal!« Wurde Ihnen dieser Satz früher auch oft von Lehrern oder Eltern entgegengeschleudert? Das Problem dabei ist: Dieser gut gemeinten Aufforderung folgte keine Handlungsanleitung. Denn *wie* das mit der Konzentration gehen soll, wird einem in der Schule meist nicht beigebracht und später in der Berufsausbildung auch nicht.

Dieses Buch zeigt Ihnen:

1. warum es heute so schwer ist, konzentriert einer Tätigkeit nachzugehen,
2. wie Konzentration im Gehirn entsteht,
3. wie Sie in Ihrem Alltag wieder konzentriert bei einer Sache sein können.

Es weist einen Ausweg aus einer meist unbewussten ständigen Verfügbarkeit im Griff der neuen Medien, ohne deren bereichernden Nutzen infrage zu stellen, und zeigt Ihnen Möglichkeiten einer neuen mentalen Freiheit und einer viel größeren Effizienz sowohl bei der Arbeit als auch in der Freizeit. So können Sie nicht nur bewusster und ungestörter leben, sondern auch mehr umsetzen und erreichen.

Ich wünsche Ihnen eine konzentrierte und ungestörte Lektüre,
Ihr Marco von Münchhausen

TEST

Wie konzentriert sind Sie in Ihrem Leben?

Lesen Sie bitte die folgenden 25 Aussagen und überlegen Sie, in welchem Ausmaß diese auf Sie zutreffen. Zählen Sie anschließend die Punkte Ihrer Aussagen zusammen.

	Häufig	Manchmal	Nie
1. Gleich nach dem Aufwachen checke ich meine neuesten Nachrichten auf dem Handy.	0	1	2
2. Beim Frühstück beantworte ich E-Mails, surfe im Internet oder lese Nachrichten auf dem Smartphone oder Tablet.	0	1	2
3. Beim Autofahren telefoniere ich.	0	1	2
4. Während der Arbeit werde ich immer wieder von E-Mails oder Anrufen unterbrochen.	0	1	2
5. Während Meetings arbeite ich gleichzeitig auf dem Smartphone oder Tablet.	0	1	2
6. Kollegen unterbrechen mich bei der Arbeit.	0	1	2
7. Ich habe im Arbeitsalltag störungsfreie Zeiten.	2	1	0
8. Ich bin ständig erreichbar.	0	1	2
9. Ich arbeite über eine längere Zeit hinweg konzentriert an einer Sache.	2	1	0
10. Es fällt mir leicht, mich zu konzentrieren.	2	1	0
11. Ich praktiziere Multitasking.	0	1	2
12. Im Gespräch bin ich ganz bei meinem Gesprächspartner.	2	1	0
13. In meinem Arbeitsalltag mache ich Regenerationspausen.	2	1	0
14. Ich schweife oft in Gedanken ab	0	1	2
15. Beim Essen ist mein Handy aus- oder stummgeschaltet.	2	1	0
16. Beim Fernsehen zappe ich durch die Programme.	0	1	2

	Häufig	Manchmal	Nie
17. Bei Stress fällt es mir schwer, mich zu konzentrieren.	2	1	0
18. Wenn ich einmal bei der Sache bin, lasse ich mich nur schwer ablenken.	2	1	0
19. Ich habe kein Problem, durchzuhalten und an einer Sache dranzubleiben.	2	1	0
20. Ich mache regelmäßig mentale Übungen.	2	1	0
21. Ich meditiere.	2	1	0
22. Ich erlebe bei der Arbeit immer wieder Flow.	2	1	0
23. Ich fühle mich zerrissen und zerstreut.	0	1	2
24. Die digitalen Medien bestimmen meinen Alltag.	0	1	2
25. Ich genieße es, am Wochenende ohne Handy oder Internet zu leben.	2	1	0

Auswertung:

36 bis 50 Punkte: Gratulation! Sie scheinen ein wahres Konzentrationsgenie zu sein. Lesen Sie dieses Buch trotzdem weiter, um zu verstehen, wie Konzentration funktioniert und wie wichtig sie im Alltag ist. So werden Sie wertvolle Tipps erhalten, die Sie in Ihren Alltag integrieren können.

20 bis 35 Punkte: Sie sind anscheinend schon auf dem richtigen Weg, doch manchmal fehlt Ihnen einfach das letzte Quäntchen Konzentration, das Sie sich eigentlich wünschen. Oder Sie lassen sich oft allzu leicht ablenken. Nutzen Sie die Erkenntnisse und Tipps aus diesem Buch: So lernen Sie, wieder ganz bei der Sache zu sein.

0 bis 20 Punkte: Sie sollten wohl dringend an Ihrer Konzentrationsfähigkeit arbeiten, wenn Sie nicht im Strudel der Informationsflut untergehen wollen, die täglich über uns hereinbricht. Sie können von den Inhalten in diesem Buch besonders profitieren: Machen Sie sich klar, was genau passiert, wenn Sie unkonzentriert sind, und wie Sie sich gegen den ständigen Input von außen besser abschirmen können. Wenn Sie die Tipps aus diesem Buch beherzigen, sind Sie auf einem guten Weg zu mehr Ruhe und Ausgeglichenheit.

1. Bedeutung, Wirkung und Verlust von Konzentration

Warum ist Konzentration wichtig?

Michaela Holsteiner steht seit über vier Stunden am Operationstisch. Sie ist Fachärztin für Bauchchirurgie und ihr Blickfeld ist begrenzt auf die fünf bis sieben Zentimeter, die der Lichtkegel ihrer Stirnlampe ausleuchtet. Vor sich nur die geöffnete Bauchdecke, die freigelegte Leber, in der Hand ihr Skalpell. Ihre Welt besteht in diesem Moment ausschließlich aus den inneren Organen, ihren chirurgischen Instrumenten, Kanülen, dem Ultraschall, den Hirnströmen und der Herz-Lungen-Maschine. Alles andere ist ausgeblendet. Während der OP wird sie kaum essen, trinken und auch nicht auf die Toilette gehen. Und natürlich wird sie kein Handy-Klingeln stören, wird sie keine E-Mails checken oder sich zwischendurch einen Plausch mit Kollegen erlauben. Sie wird sich nicht mal am Kopf kratzen, wenn die Haut juckt. Seit Beginn der Operation tickt die Uhr. Sie weiß genau, wie viel Zeit sie für ihren Eingriff an der Leber hat. Also ist sie von Anfang an abgetaucht – und eingetaucht in ihre Operationswelt. Schneiden, nähen, knoten, nähen – viele kleine Arbeitsschritte, Handgriffe, Wiederholungen, das ist alles, was sie tut. Sie vollzieht eine hochkomplizierte Tätigkeit in völliger Ruhe und Konzentration. Neben ihrer fachlichen Fähigkeit ist diese wohl die wichtigste: ihre Fähigkeit, sich über Stunden hinweg auf eine Sache zu konzentrieren. Eine mittlerweile selten gewordene Fähigkeit. Später taucht sie wieder auf. Aber nicht erschöpft, sondern erfüllt. Kaum etwas tut sie lieber, als zu operieren. Oft steht sie sechs bis acht Stunden am OP-Tisch, manchmal sogar zehn Stunden. Schon als Kind konnte sie sich stundenlang in ihre Handarbeit versenken, jetzt tut sie es beim Operieren. Sie arbeitet getragen von der Kraft der Konzentration. Doch was ist das Besondere an dieser Fähigkeit?

Kennen Sie solche Momente, in denen Sie ganz in dem aufgehen, was Sie tun? Welche Tätigkeiten sind das?

Noch vor zwanzig Jahren stellte die Fähigkeit, sich zu konzentrieren, eine kaum beachtete und wohl auch unterschätzte mentale Fähigkeit dar. Im Gegenteil, meistens wurde sie einfach vorausgesetzt: »Konzentrier dich doch!«, hieß es einfach. Wie das geht und was dabei passiert, hat man uns weder beigebracht noch hat man sich großartig damit beschäftigt. In den letzten Jahren dagegen ist Konzentration zum Gegenstand umfangreicher Forschungen geworden und hat sich zum Thema Nummer eins in der Arbeitswelt und im Wirtschaftsleben entwickelt.[1] Unter anderen hat der Neurowissenschaftler Richard Davidson von der University of Wisconsin erkannt, dass die Fähigkeit, Aufmerksamkeit aufzubauen und sich zu konzentrieren, zu den unentbehrlichen Faktoren für hervorragende Leistungen und Erfolg im Leben gehört.[2] Wie gut und wie ausdauernd wir arbeiten können, hängt davon ab, wie wir den »Richtstrahl unserer Aufmerksamkeit« lenken und fokussieren können. Er ist gewissermaßen unsere Navigationshilfe im Leben. Gleichzeitig funktioniert unsere Aufmerksamkeit als »Türsteher«, der entscheidet, welche Reize aus der Informationsflut, der wir ständig ausgesetzt sind, in die Steuerungs- und Kontrollzentrale in unserem Kopf Einlass finden.[3] Damit ist Konzentration ein Schlüssel zum Selbstmanagement und der entscheidende Rohstoff des 21. Jahrhunderts.[4]

Konzentration ist ein Schlüssel zum Selbstmanagement und der entscheidende Rohstoff des 21. Jahrhunderts

Konzentration ist kurz gesagt ein Zustand, in dem man mit *voller* Aufmerksamkeit bei der Sache ist, und zwar bei nur *einer* Sache! Das heißt, dass sich alle unsere mentalen Kräfte gesammelt (oder wie ein Strahl gebündelt) auf die Aufgabe richten, die wir gerade erledigen. Man könnte auch sagen: Auf kleinstem Punkt sammelt sich große Kraft. Können Sie sich noch erinnern, wie Sie als Kind mit einer Lupe oder einem Flaschenboden Sonnenstrahlen gebündelt haben, um ein Laubblatt oder ein Stück Papier zum Brennen zu bringen? Zumindest wissen Sie, dass dies möglich ist.

In meinen Seminaren und Vorträgen stelle ich den Teilnehmern häufig die Frage: »Und wie lange, glauben Sie, braucht man bei Mondlicht dazu, etwas zum Brennen zu bringen?« Natürlich weiß jeder, dass das nicht geht. Aber warum geht es nicht? Manche Teilnehmer wenden ein, weil der Mond keine eigene Energiequelle sei, sondern nur das Sonnenlicht reflektiere. Doch daran liegt es nicht, denn wenn der Mond wie ein riesiger Parabolspiegel das Sonnenlicht bündeln und zur Erde schicken würde, würde hier wohl ein alles verbrennender Energiestrahl ankommen. Nein, der Grund ist ein anderer: Es liegt daran, dass die Mondoberfläche rau und zerklüftet ist, sodass das reflektierte Sonnenlicht bei uns zerstreut ankommt. Und zerstreutes Licht hat wenig Wirkung – ebenso wenig wie ein zerstreuter Geist. Ein wenig provokativ erlaube ich mir, die Teilnehmer anschließend zu fragen (und frage auch Sie): »Bei welchem Licht sitzen Sie an Ihrem Schreibtisch? Bei Sonnenlicht oder Mondlicht – gesammelt oder zerstreut?« Offen gesagt merke ich selbst, dass auch ich immer wieder im Mondlicht-Modus meiner Arbeit nachgehe! Und wie ist das bei Ihnen? Doch lassen Sie uns erst noch einmal grafisch den Unterschied zwischen Konzentration und Zerstreuung darstellen (s. Grafik oben rechts):

Die erschreckende Wahrheit ist: Meistens sind wir nicht konzentriert, sondern zerstreut. Konzentration ist für uns alle ein immer seltener werdender Ausnahmezustand geworden. Dabei würden wir gleich mehrfach erheblich davon profitieren, wenn wir einer Tätigkeit wirklich konzentriert nachgingen:

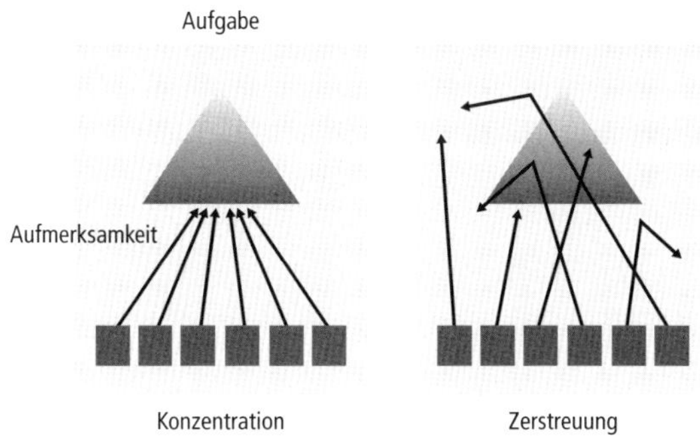

- In erster Linie steigert man durch konzentriertes Tun seine Leistung und Effizienz. Man erledigt eine Aufgabe in kürzerer Zeit (und verbraucht dabei meist auch noch weniger Energie) – so als würde man bei einem Porsche vom zweiten in den höchsten Gang schalten. Oder als würde man vom Stop-and-go-Modus des Stadtverkehrs auf die Autobahn wechseln. Mathematisch lässt sich dieser Zusammenhang wie folgt ausdrücken: Leistung = Zeitaufwand × Konzentration (natürlich vom gleichen Qualifikationsniveau ausgehend).

Leistung = Zeitaufwand × Konzentration

- Die Leistung, die wir aus einem konzentrierten Modus heraus erbringen, erfolgt ohne große Anstrengung, fast von allein und mit einem Gefühl von Leichtigkeit.
- Neuropsychologische Forschungen haben ergeben, dass im Zustand der Konzentration äußere Störungen ausgeblendet werden; das Gehirn verhindert gewissermaßen, dass störende Reize unser Bewusstsein erreichen, und schützt damit seinen fokussierten Zustand. Wie bei einem Kind, das im Spiel versunken das Rufen der Mutter tatsächlich nicht bewusst wahrnimmt und hört.
- Gleichzeitig treten im Zustand der Konzentration auch sonstige aufkommende Gedanken zurück, insbesondere mögliche

Sorgen oder Probleme, mit denen wir uns fast unwillkürlich beschäftigen, wenn unsere Aufmerksamkeit nicht voll in Anspruch genommen ist. Wer konzentriert arbeitet, grübelt nicht. Und auch unser Ich wird ausgeblendet – wir geraten in einen Zustand der *gesunden Selbstvergessenheit.*[5] Wir empfinden es generell als wohltuend, wenn wir vorübergehend einmal nicht mit uns selbst beschäftigt sind.

- Häufig scheint die Zeit stillzustehen, wenn wir mit unserer Aufmerksamkeit ganz im Hier und Jetzt sind. Wenn uns eine Beschäftigung voll und ganz in Anspruch nimmt, verlieren wir unser Zeitgefühl oder haben den Eindruck, »die Zeit vergehe wie im Fluge«.[6] Ein nahezu paradoxes Phänomen, dass bei »stillstehender Zeit« diese »wie im Fluge« vergeht!
- Konzentrierte Aktion ist meist mit einem Wohlgefühl und Freude verbunden. Hierfür sorgt ein gesunder Cocktail von Dopamin und Endorphinen (Näheres dazu in Kapitel 5). Wer Spaß an der Arbeit haben will, braucht also nur dafür zu sorgen, dass er sich ihr voll und ganz widmet!
- Und schließlich laden wir in der Konzentration auch noch unsere inneren Batterien auf. Das mag verblüffen, doch kaum etwas ist so erfüllend und energiespendend, wie einer Tätigkeit konzentriert und mit ganzer Aufmerksamkeit nachzugehen. Und dabei spielt es kaum eine Rolle, welcher Beschäftigung man sich widmet. Konzentriertes Tun zentriert uns. Und je häufiger jemand konzentrierter arbeitet, desto mehr tut er damit für seine innere Stabilität und desto weniger ist er stress- oder burnout-gefährdet.

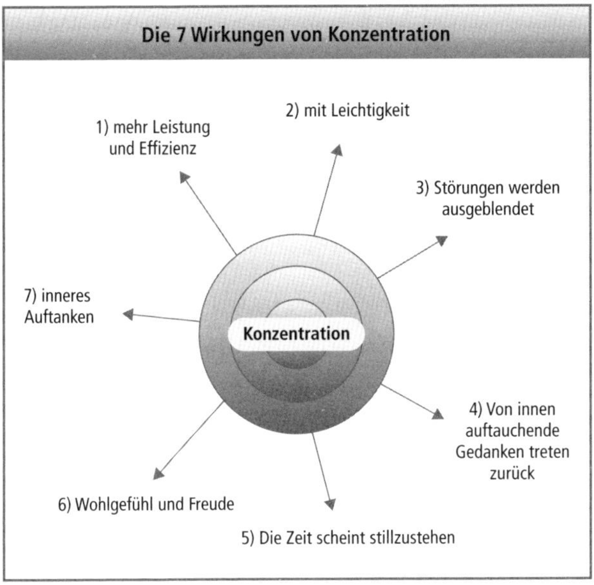

Welche der oben genannten Wirkungen von Konzentration erleben Sie bei Ihren konzentrierten Tätigkeiten? Notieren Sie einfach die Ziffern aus der Grafik.

Die Konzentrationskiller

Als John um 6.30 Uhr in der Frühe vom Klingeln seines Smartphones aus dem Schlaf gerissen wird, greift er sofort nach seinem mittlerweile ständigen Begleiter, um als Erstes zu checken, welche SMS, WhatsApp-Nachrichten und E-Mails in der Inbox auf ihn warten und was es Neues bei Facebook gibt. Im Badezimmer hört er die Tagesnachrichten im Wechsel mit Staumeldungen und flotter Musik. Während er in der

Küche frühstückt, liest er auf seinem iPad Kommentare auf Spiegel online, checkt noch einige weitere Mails und führt kauend schon die ersten persönlichen Telefonate. Die wichtigeren, bei denen Kaugeräusche weniger angemessen wären, erledigt er auf der Fahrt ins Büro, während im Hintergrund das Autoradio läuft. Dann beginnt der übliche Lauf im Hamsterrad des Büroalltags: die neuen E-Mails beantworten, die Präsentation vorbereiten, mit Kollegen reden, immer wieder telefonieren, manchmal sogar auf zwei Apparaten parallel, Meetings, während derer er per Smartphone weiter online aktiv ist ... zwischendrin mal zur Abwechslung die Ferienhaussuche für den nächsten Urlaub. Mittags in der Kantine weiter im Netz unterwegs und die Verabredung mit Freunden fürs Wochenende klargemacht ... Und so geht es immer weiter durch den Tag, bis er gegen 18.30 Uhr in seiner Stammkneipe Zwischenstation macht, ein kühles Pils trinkt, mit Kollegen tratscht, während er auf seinem Display das Fußballspiel Hamburg gegen Schalke im Live-Ticker verfolgt. Endlich daheim, macht er es sich mit der Pizza vom Lieferservice und einem guten Rotwein vor dem Fernseher gemütlich: durch die Kanäle zappen, nebenbei im Web surfen, ein paar Telefonate führen, einer Kollegin via Handy beim Abschlussbericht helfen und so weiter. Die eigene mitgebrachte Akte schafft er nicht mehr ganz, da die Anziehungskraft des Thrillers dann doch stärker ist. Als anschließend eine Sendung über den »Verlust der Konzentration im digitalen Zeitalter« beginnt, denkt er noch kurz, das sei sicher ein wichtiges Thema, doch um sich darauf zu konzentrieren, ist er zu geschafft. Und so macht er sich gegen 23.30 Uhr todmüde auf ins Bett, nicht ohne vorher noch einen letzten Blick aufs Smartphone zu werfen, eine letzte SMS zu beantworten, die Weckzeit einzugeben, um dann erstmals nach 17 Stunden das Gerät auszuschalten und einzuschlafen. Morgen früh wird es ihn pünktlich wecken – dann geht das Spiel von Neuem los.

Einer Studie amerikanischer Wirtschaftswissenschaftler zufolge sind 80 Prozent der Arbeitnehmer heute nicht mehr in der Lage, sich nur auf *eine* Aufgabe zu konzentrieren.[7] Es scheint so, als wäre uns seit Beginn des 21. Jahrhunderts nach und nach die Fähigkeit zur Konzentration verloren gegangen. Wir leben mittlerweile in einer durchweg konzentrationsfeindlichen Welt. Wer oder besser gesagt, was ist dafür verantwortlich? Hier die maßgeblichen Konzentrationskiller in unserem Leben, die allerdings nicht getrennt agieren, sondern sich gegenseitig beeinflussen, ja bildhaft gesprochen sogar kooperieren:

- Ausgangspunkt (und das ist nichts Neues) ist zunächst einmal die Tatsache, dass der Grundzustand unseres Gehirns nicht der der Konzentration ist, sondern der der Zerstreuung – also einer geteilten Aufmerksamkeit, die sich zwischen verschiedenen Dingen hin und her bewegt. Wenn unser Gehirn nicht mit konkreten Aufgabe beschäftigt ist, wandert unsere innere Suchmaschine umher und scannt die Umwelt nach gefährlichen oder attraktiven Reizen. Schon unsere Vorfahren mussten in der Wildnis die Umgebung ständig nach lauernden Bedrohungen oder einer möglichen Beute absuchen. Sobald ein solcher Reiz auftaucht, richtet sich unser Fokus darauf, um anschließend zum nächsten Reiz zu wechseln. So springt unsere Aufmerksamkeit wie ein Scheinwerfer hin und her und bleibt selten länger bei einer Sache – der sogenannte »wandernde Geist«, neudeutsch auch *Mind-Wandering* genannt.
- Diese Grundtendenz des Gehirns trifft ohne Airbag und Rückhaltesystem auf ein Phänomen unserer Zeit: Unser Geist wird zum Spielball der Fliehkräfte digitaler Medien. Er ist dem Sog und der Vielfalt der Reizüberflutung und Ablenkungen, denen er von morgens bis abends ausgeliefert ist beziehungsweise sich ihnen mehr oder weniger unbewusst selbst ausliefert, nicht gewachsen.
- Wir sind tagaus, tagein einer ständig wachsenden Informationsflut ausgesetzt, die über die verschiedensten Medienkanäle auf uns einströmt. Unser Gehirn kann diese Fülle von häufig unzusammenhängenden und meist auch unwichtigen Informationen kaum verarbeiten. Oft haben wir gar keine Zeit, um darüber nachzudenken, was sie eigentlich bedeuten. Nach Ansicht des Psychologieprofessors Ernst Pöppel sind wir »überwältigt von zu viel Input und finden uns nicht mehr zurecht«.[8]

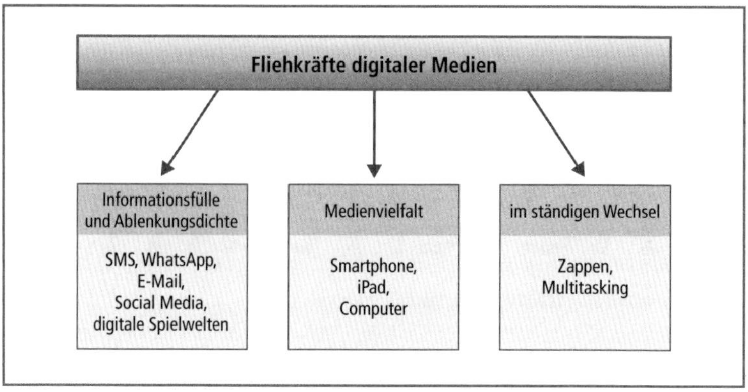

- Verstärkt wird diese Informationsfülle durch die Ablenkungsdichte der digitalen Medienvielfalt: SMS, E-Mails, Push-Nachrichten, Google-Alerts und Pop-up-Windows pochen über Smartphones, Tablets und Notebooks in ständigem Wettbewerb an die Türen unseres Bewusstseins. Social Media, Live-Ticker, virtuelle und digitale Spielwelten ziehen kontinuierlich unsere Aufmerksamkeit auf sich und verschlingen sie geradezu.[9] Der Wirtschaftsnobelpreisträger Herbert Simon warnte schon vor vielen Jahren: »Informationen verbrauchen die Aufmerksamkeit ihrer Empfänger. Deshalb erzeugt der Reichtum an Information eine Armut an Aufmerksamkeit.«[10]
- All das findet im ständigen Wechsel statt. Ohne lange bei einer Nachricht oder einem Film zu verweilen, zappen wir von Informationsquelle zu Informationsquelle mit der permanenten Frage im Nacken: »Bin ich auch wirklich im richtigen, nämlich im spannendsten Programm? Verpasse ich nicht gerade etwas auf einem anderen Kanal oder in einem anderen Chatroom im Netz?« Wer am Sonntagabend das Hochamt der Fernsehunterhaltung, den *Tatort*, sieht, surft nicht selten parallel im Netz, kommentiert, was er gerade sieht, und liest die Beiträge anderer User. Der Film allein genügt uns nicht mehr. Viele sind sogar stolz darauf, ständig hin und her zu switchen und überall mit dabei zu sein (wenn auch nirgendwo richtig, doch dazu kommen wir noch).

Reichtum

an Information

erzeugt

Armut

an Aufmerksamkeit

Zerstreuung zerstreut, und zwar unsere Aufmerksamkeit

Und so erliegen wir im Dauerfeuer medialer Reize einer immerwährenden Chaosberieselung. Zerstreuung zerstreut – und zwar unsere Aufmerksamkeit! Am gravierendsten aber sind die damit zusammenhängenden fortwährenden Unterbrechungen und das weitverbreitete vermeintliche Multitasking.

Ununterbrochen unterbrochen

Mittwochvormittag, 11.35 Uhr. Jane kommt zu Marc ins Büro, um die bevorstehende Präsentation zu besprechen. Sie haben kaum angefangen, da klingelt Marcs Handy. »Sorry, Jane, das ist ein wichtiger Kunde … nur ganz kurz!« – »Hallo, guten Tag, Herr Schorr, ich bin gerade in einem Meeting, kann ich Sie …? Ach so, ja, worum geht es denn?« Während Marc spricht, checkt Jane schnell auf ihrem Smartphone ihre Nachrichten und beantwortet einige sofort, begleitet von einem: »Das kann doch nicht wahr sein!« Marc legt beschwörend den Finger auf den Mund und deutet auf sein Handy. Doch da klopft schon per Call-Waiting der nächste Anrufer an: Der Unterbrecheranruf wird unterbrochen. »Entschuldigen Sie bitte, Herr Schorr, ich bin gleich wieder für Sie da …« – »Hallo, guten Tag, ich bin gerade auf der anderen Leitung im Gespräch … ich melde mich … sicher! Ja, noch vor 15.00 Uhr!« Halten macht's möglich: Herr Schorr ist noch da. Während Marc mit ihm weiterspricht, poppt eine E-Mail auf, die er nebenher kurz überfliegt. »Unverschämtheit«, denkt er sich, und schon hat er die letzten zwei Sätze von Herrn Schorr verpasst. »Verzeihen Sie, was sagten Sie gerade? Ich war kurz abgelenkt.« Da läutet das Tischtelefon, das zwar der Anrufbeantworter übernimmt, allerdings für alle gut hörbar. Genervt verlässt Jane den Raum, nicht ohne Marc einen vielsagenden Blick zuzuwerfen. Marc möchte am liebsten im Boden versinken – wer war da noch mal in der Leitung?

Der helle Wahnsinn? Vielleicht vor 15 Jahren, heute ist dies ganz normaler Büroalltag. Noch nie gab es so viele Unterbrechungen wie heute. Jeder kann jeden immer und überall erreichen – und folglich tut es auch (fast) jeder: Das ist die Unterbrechungslogik der modernen Kommunikationsmittel.

Anfang dieses Jahrhunderts wurde das Unterbrechungsproblem noch als Frage individueller Disziplinlosigkeit bagatellisiert, die der Einzelne nach dem Motto »Konzentrier dich aufs Wesentliche« selbst in den Griff bekommen sollte. In den letzten zehn Jahren haben sich Unterbrechungen dagegen zum maßgeblichen Störfaktor der modernen Arbeitswelt entwickelt. Eine Fülle von Untersuchungen und Studien von Arbeitspsychologen und Effektivitätsforschern sowie zahlreiche Veröffentlichungen, Kongresse und Konferenzen bestätigen die ungebrochene Relevanz. Die ersten alarmierenden Zahlen kamen aus den USA, von der New Yorker Technologiefirma Basex und der University of California[11]; britische Studien stützten diese Erkenntnisse:

- 588 Milliarden US-Dollar verliert die US-amerikanische Volkswirtschaft jährlich durch Unterbrechungen am Arbeitsplatz. Auf Deutschland übertragen wären das grob geschätzt über 100 Milliarden Euro pro Jahr, sofern man ähnliche Verhältnisse in der Arbeitswelt annimmt.[12] Zum Vergleich: Der Bundeshaushalt hat ein Volumen von gut 300 Milliarden Euro – unsere Volkswirtschaft büßt also jährlich rund ein Drittel dieses Bundeshaushalts allein durch Unterbrechungen ein!
- Durchschnittlich alle elf Minuten werden Büromitarbeiter bei ihrer Beschäftigung unterbrochen und beginnen mit etwas Neuem.

Durchschnittlich alle elf Minuten werden Menschen am Arbeitsplatz unterbrochen

- Neben ankommenden Telefonaten sind vor allem die ohne Unterlass eintreffenden E-Mails konzentrationsfeindlich. Einer Studie zufolge antworten 85 Prozent aller Angestellten innerhalb von zwei Minuten auf eine eingehende E-Mail, 70 Prozent sogar innerhalb von sechs Sekunden.

Wie schnell reagieren Sie auf eine eintreffende E-Mail?

Zwischen __________ Sekunden und __________ Minuten.

- Das spontane Beantworten von E-Mails ist im wahrsten Sinne des Wortes kontraproduktiv. Vor allem, wenn man Folgendes bedenkt: Nach einer Unterbrechung braucht es einige Zeit, bis die ursprüngliche Tätigkeit erneut aufgenommen wird. Meistens wendet sich der Arbeitnehmer zunächst noch zwei weiteren Aufgaben zu, bevor er wieder zur alten Beschäftigung zurückfindet. Dabei vergehen im Schnitt 20 bis 25 Minuten, und weitere acht Minuten dauert es, bis er gedanklich an seine ursprüngliche Aufgabe anknüpfen kann. Der wichtige Gedanke, den er vor der Unterbrechung hatte, ist ohnehin verloren. Wer mitgerechnet hat, erkennt: Es bleiben statistisch nur noch drei Minuten bis zur nächsten Unterbrechung. Das Ganze bezeichnen Arbeitswissenschaftler als den sogenannten Sägeblatteffekt:

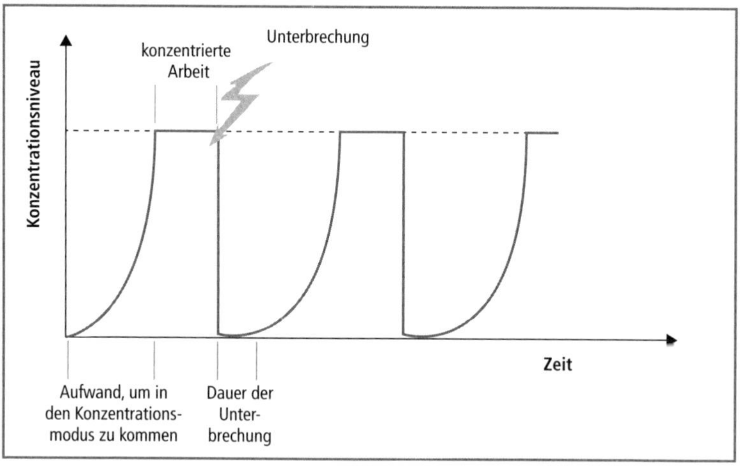

- Hinzu kommt, dass über 50 Prozent aller begonnenen Arbeitsvorgänge meist aufgrund von Unterbrechungen nicht zu Ende geführt werden.
- Interessant ist allerdings, dass Unterbrechungen, die in unmittelbarem Zusammenhang mit der aktuellen Arbeit stehen, sogar förderlich sein können. Schädlich sind alle sonstigen Unterbrechungen – und diese sind leider die häufigsten.

Unterbrechungen schaden der Arbeit mehr als Marihuana

Die Folgen ständiger Unterbrechungen sind nicht verwunderlich: geringere Leistung, schlechtere Effizienz, häufigere Fehler, Nichterreichen der Tagesziele. Das Leistungsniveau sei sogar niedriger als unter Drogeneinfluss, ermittelte eine Studie des Londoner King's College: Eine Kontrollgruppe, der man Marihuana verabreicht hatte, schnitt bei mittelschweren Aufgaben besser ab als die nüchterne Gruppe bei Unterbrechungen.[13] Ohne Unterbrechungen waren sie dagegen den Drogenkonsumenten überlegen. Manche betrachten mittlerweile sogar das Reagieren auf Unterbrechungen als ihre eigentliche Arbeit. Als wüssten sie ohne Unterbrechungen gar nicht, was sie als Nächstes tun sollten. Jedenfalls scheint für viele das klingelnde Handy oder die neu eingetroffene Mail so verführerisch wie die Chipstüte vor dem Fernseher: Eigentlich will man nicht – und greift dann doch zu. All das führt auf Dauer zu Stress, psychischen Belastungen und Gesundheitsschäden bis hin zu Depressionen und Burnout.

Höchste Zeit, aufzuwachen! Aber wie? Wer abgelenkt wird, bekommt es häufig gar nicht bewusst mit. Insbesondere da es allen anderen anscheinend genauso ergeht. Man hat sich mit der Zeit daran gewöhnt wie der Frosch in der Pfanne an die steigende Temperatur. Sie kennen das Experiment mit dem Frosch? Also: Wirft man einen Frosch in eine Pfanne mit heißem Wasser, springt er sofort heraus. Würde man ihn dagegen in eine Pfanne mit kaltem Wasser setzen und das Wasser langsam auf Siedetemperatur erhitzen, dann würde der Frosch sitzen bleiben und sterben, weil er den graduellen Temperaturanstieg nicht bemerkt. Ebenso nimmt auch das menschliche Bewusstsein graduelle Veränderungen nicht richtig wahr. Wir haben die Veränderungen, die die digitalen Medien auf uns haben, während der vergangenen zehn Jahre kaum wahrgenommen. Und so bleiben wir in der Pfanne hocken und lassen uns ständig unterbrechen! Leider kann man ja auch nicht wirklich spüren, was die Unterbrechung im Gehirn bewirkt und wie stark sie die vor einem liegende Arbeit beeinträchtigt.

Was Sie eben über die Wirkung von Unterbrechungen gelesen haben, bekommen Sie im Alltag in der Regel kaum mit – ich selbst übrigens auch nicht, obwohl ich mich mit dem Thema intensiv beschäftigt habe. Ich merke es aber wohl, wenn ich mich einige Tage komplett abgeschottet habe (zum Beispiel zum Schreiben dieses Buches) und dann für einen Vormittag mein Handy eingeschaltet lasse und E-Mails empfange: Das ist allenfalls dafür gut, dass ich selbst erleben (oder erleiden) kann, worüber ich schreibe!

Die Störung muss nicht immer von außen kommen: Unterbrechungen aus eigener Willenskraft sind genauso schädlich

Aber es sind ja nicht nur die äußeren Unterbrechungen, die uns ablenken. Wenn mal kein Kollege reinplatzt und wir vorübergehend von keiner E-Mail und keinem Anruf aus der Arbeit gerissen werden, dann kommt die Störung auch gerne von innen. Arbeitsforscher unterscheiden zwischen *externen* und *internen* Unterbrechungen und mussten feststellen, dass sich die meisten Schreibtischtäter genauso oft selbst unterbrechen, wie sie von außen gestört werden. Eine meist nicht wahrgenommene Form der Selbstsabotage: Unterbrechungen aus eigener Willenskraft. Plötzlich taucht ein Gedanke auf, der mit einem anderen Projekt zusammenhängt oder mit dem anstehenden Meeting, einer noch zu erledigenden Arbeit oder gar etwas aus dem Privatleben – und schon beschäftigen sich die Gedanken mit dem neuen Thema, wie ein Kind, das sich von seinen Hausaufgaben abwendet und anfängt, mit der Katze zu spielen. Dabei können sehr leicht zehn bis zwanzig Minuten vergehen, bis man plötzlich »aufwacht« und realisiert, dass man gerade »ganz woanders« war. In vielen Fällen erfolgt der »Weckruf« auch durch das Klingeln des Handys: Die interne Unterbrechung wird von einer externen unterbrochen. Das Spiel geht weiter!

»Mitspieler« des Unterbrechungsspiels können sogar so banale Faktoren wie Urlaubsfotos oder Bilder der Kinder auf dem Bildschirmschoner sein. Michael Müller, Psychologe an der Universität Leipzig, hat mittels Elektroenzephalogramm, das die elektrische Aktivität des Gehirns misst, festgestellt, dass solche emotionalen Bilder den Konzentrationsfluss jedes Mal unterbrechen, wenn sie auch nur kurz die Aufmerksamkeit auf sich ziehen. Diese kurze Ablenkung genügt, um die Reaktionsgeschwindigkeit messbar zu beeinflussen. Wem ist eine solche gedankliche Unterbrechung schon bewusst? Kleine Ursache, große (Unterbrechungs-)Wirkung – leider ist dies der Fakt.

Und zu Hause geht es munter weiter. Vor dem Fernseher wird das Unterbrechungsspiel fortgesetzt, indem wir uns durch die verschiedenen Fernsehprogramme zappen. So wird das Gehirn fortwährend konditioniert, sich nur kurz auf eine Sendung einzulassen. Sobald deren Attraktivität nachlässt, schalten wir um und unsere Synapsen werden mit neuen Inhalten befeuert. Am Ende des Abends wissen wir oft gar nicht mehr, in welche Sendungen wir überall kurz reingeschaut haben. Dass das für die Psyche eher auslaugend als erholend ist, nehmen wir kaum noch wahr. Ungestört verläuft so ein Fernsehabend auch nicht immer, denn da die meisten heute ständig erreichbar sind, klingelt nebenbei das Handy oder es treffen E-Mails ein, die man ja auch multitaskend vor dem TV-Bildschirm checken kann (dazu gleich mehr). Und schließlich wird der ununterbrochen unterbrochene Tag nur noch durch den Schlaf unterbrochen. Am nächsten Tag geht es aller Wahrscheinlichkeit nach genauso weiter.

Und wie ist das bei Ihnen?
Kennen Sie diese ununterbrochenen Unterbrechungen?
Oder haben Sie Zeitfenster, die Sie bewusst von möglichen Unterbrechungen freihalten?

Wirkungen und Folgen von Unterbrechungen

Wirkungen

- durchschnittlich alle 11 Minuten
- häufig sofortige Reaktion auf Unterbrechung
- Zeitverzögerung, bis man wieder »drin« ist (Sägeblatteffekt)
- Viele Arbeitsvorgänge werden nicht beendet

Folgen

- geringere Leistung
- schlechte Effizienz
- häufigere Fehler
- Nichterreichen des Tagesziels
- Stress und psychische Belastung
- gesundheitsschädigend (Depression/Burnout)

→ großer (nicht nur) wirtschaftlicher Schaden
(in den USA über 500 Mrd. US-Dollar pro Jahr)

Die verheerende Illusion vom Multitasking

Bevor wir in das Thema Multitasking einsteigen, möchte ich Ihnen gern eine Frage stellen: Welche der nachfolgenden Tätigkeiten üben Sie häufig gleichzeitig aus?

- Autofahren und CD hören oder telefonieren
- Essen und fernsehen
- Jemandem zuhören und den eigenen Gedanken nachhängen
- Mit den Kindern spielen und den Einkauf planen
- Fernsehen und im Internet surfen
- ____________________ und dabei ____________________
- ____________________ und dabei ____________________
- ____________________ und dabei ____________________

Der Reformpädagoge Johann Heinrich Pestalozzi hat Ende des 19. Jahrhunderts versucht, die Fähigkeit von Schülern zu trainieren, gleichzeitig verschiedene Aufgaben zu bewältigen, und zwar durch Verteilung der Aufmerksamkeit auf verschiedene Gegenstände.[14] Eine gute Vorbereitung, könnte man meinen, auf einen Alltag, der die Bewältigung simultaner äußerer Reize erfordert, also auf das, was heute allgemein als Multitasking bezeichnet wird. Das Zauberwort des 21. Jahrhunderts: Je mehr Dinge man gleichzeitig erledigen kann, desto vielseitiger wird man und desto mehr Zeit spart man.

Halten Sie bitte kurz inne, bevor Sie weiterlesen, und prüfen Sie, ob Sie diese Aussage für richtig halten.

Ich glaube, dass man mehrere Dinge gleichzeitig tun kann, ist:

- ❑ richtig
- ❑ in manchen Situationen richtig
- ❑ nur auf Frauen zutreffend
- ❑ nur in seltenen Fällen richtig
- ❑ völliger Unsinn

In der Tat war man lange davon überzeugt, dass Multitasking möglich ist: Man kann doch gleichzeitig an einem Meeting teilnehmen *und* seine E-Mails checken, essen *und* fernsehen, Auto fahren *und* telefonieren oder gar joggen *und* englische Vokabeln lernen. Gehört das nicht zu den Selbstverständlichkeiten des heutigen Lebensalltags?

Multitasking ist eine Fiktion

Wer es zu etwas bringen und möglichst viel mitbekommen und bewältigen will, kommt ohne Multitasking nicht aus. So schien es lange Zeit Konsens zu sein. Doch schon in den 1950er-Jahren belegte der britische Kognitionsforscher Edward Colin Cherry vom Manchester College of Technology das Gegenteil mit seinem heute als klassisch geltenden Cocktail-Party-Experiment. Die Erkenntnis hieraus lautet: Multitasking ist völlig unmöglich, eine Fiktion! So wie man auf einer Cocktail-Party manchmal in Versuchung kommt, neben dem eigenen Gespräch auch noch das eines benachbarten Paares zu verfolgen, ließ Cherry seine Probanden über einen Kopfhörer auf dem rechten Ohr eine Information und gleichzeitig auf dem linken Ohr eine andere hören. Die Aufgabe bestand darin, sich darauf zu konzentrieren, die Informationen des rechten Ohres möglichst genau wiederzugeben. Testen wollte er, ob die Probanden auch etwas von dem wiederholen konnten, was sie mit dem linken Ohr gehört hatten. Konnte es möglich sein, zwei Rednern zugleich zu folgen? Nein! Keiner der Probanden konnte etwas von der zweiten Botschaft wiedergeben, ja sie konnten nicht einmal angeben, ob ein Mann oder eine Frau gesprochen hatte und auch nicht in welcher Sprache. Damit hatte Cherry gezeigt: Multitasking ist eine Illusion, ein Mythos. Wir meinen zwar, dass wir mehrere Aufgaben gleichzeitig bewältigen können, in Wirklichkeit kann sich unser Gehirn aber immer nur einer einzigen Sache widmen. Es kann eben nicht »mehrgleisig« fahren. Was das Gehirn aber kann, ist, sehr schnell zwischen verschiedenen Aufgaben hin und her zu springen. Es schaltet um zwischen verschiedenen Inhalten, welche die Kapazität des Kurzzeitgedächtnisses auslasten.[15] Verblüffend, auf diese Erkenntnis kam der Augenarzt Carl Heinrich Dzondi schon 1816.

Versuchen Sie bitte, alle Anweisungen auf einmal zu befolgen:

1. Bitte lesen Sie zuerst die Anweisung Nr. 5.
2. Und nun lesen Sie bitte einfach Anweisung Nr. 4.
3. Sie haben den Test NICHT bestanden! Diese Aussage sollten Sie NICHT lesen!
4. Bitte lesen Sie NICHT die Anweisung Nr. 3.
5. Lesen Sie jetzt bitte die Anweisung Nr. 2.

Dennoch hielt sich der Mythos, man könne seine Aufmerksamkeit aufteilen, nicht nur sehr lange, sondern viele glaubten auch, dass sich eine solche Fähigkeit trainieren ließe. Doch die Kapazität des Gehirns und der Mechanismus der Aufmerksamkeitslenkung haben sich über all die Jahre nicht geändert. Unser Gehirn ist eben kein dehnbarer Aufmerksamkeitsballon, den wir mehrfach einsetzen können, sondern eine »enge, feste Pipeline«. Uns darauf zu trainieren, mehrere Gegenstände mit voller Aufmerksamkeit wahrzunehmen, sei ungefähr so, als wolle man seinem Haustier durch immer weniger Futter das Fressen abgewöhnen, schreibt der Leipziger Professor Christoph Türcke. Es geht mit weniger Futter, es geht mit mehreren Gegenständen im Aufmerksamkeitsfeld, aber es geht nicht lange. Und es geht vor allem nicht gut. Eine multiple Aufmerksamkeit, die sich gleichzeitig mit voller Kraft auf völlig verschiedene Gegenstände richtet, ist ein Unding.[16]

Sie können versuchen, Multitasking zu trainieren. Aber dann können Sie auch versuchen, Ihrem Haustier mit immer weniger Futter das Fressen abzugewöhnen. ***Christoph Türcke***

Allerdings gibt es zwei wichtige Unterscheidungen zu berücksichtigen: automatisierte Handlungen und bewusste Handlungen. Tätigkeiten, von denen eine so automatisiert ist oder so weit in den Hintergrund rückt, dass man einer anderen seine volle Aufmerksamkeit schenken kann, lassen sich bis zu einem gewissen Grad gleichzeitig ausführen. So kann man beispielsweise bei der Gartenarbeit Musik oder beim Abwaschen Nachrichten hören. Auch beim

Unser **Gehirn**

kann sich

mit voller

Aufmerksamkeit

nur einer

Sache widmen.

Fernsehen zu essen ist möglich, fraglich ist nur, ob man hinterher auch noch weiß, wie das Essen geschmeckt hat. Und ein wichtiges Telefonat lässt sich auch beim Autofahren führen. Doch Sie merken schon: Hier fängt es an, kritisch, ja sogar gefährlich zu werden, wenn die Aufmerksamkeit für den Straßenverkehr als zweitrangig in den Hintergrund tritt. In seinem Buch *Schnelles Denken, langsames Denken* liefert der amerikanische Psychologe Daniel Kahneman eine gute Erklärung dafür[17]: Wenn wir etwas wirklich gelernt haben und automatisiert ausführen können, ohne uns bewusst damit zu beschäftigen, gibt unsere (langsam denkende) bewusste Steuerungszentrale im oberen Großhirn die Ausführung dieser Tätigkeit an das schnell denkende Zwischenhirn ab. Daher können wir Autofahren, Zähneputzen, Tellerwaschen, Essen und ähnliche Aktivitäten nebenbei erledigen, ohne ihnen bewusste Aufmerksamkeit zu widmen.

Vor dem Fernseher im Internet zu surfen ist für das Gehirn eine komplette Überforderung

Was aber nicht mehr geht, ist die *bewusste* und *gleichzeitige* Bewältigung von zwei konkurrierenden motorischen, optischen oder sprachlichen Leistungen. So kann man sich nicht gleichzeitig auf einen Punkt oben rechts und unten links konzentrieren oder einen Artikel schreiben und gleichzeitig Nachrichten hören.[18] Vor dem Fernseher im Internet zu surfen ist für das Gehirn ebenso eine komplette Überforderung: Wenn man während des *Tatorts* gleichzeitig nach dem neuen iPhone oder dem kommenden Urlaubsziel googelt, wird man vom Film hinterher wahrscheinlich nur noch Bruchstücke in Erinnerung haben.

Multitasking ist jedoch nicht nur eine Illusion. Der Versuch des Multitaskens ist sogar in mehrfacher Weise schädlich und wird so zum »Fluch der Effizienz«[19]:

- Multitasking beeinträchtigt und beschädigt die Konzentrationsfähigkeit. Durch den ständigen Wechsel von einer Aufgabe zur anderen blockieren sich die Informationsströme gegensei-

Multitasking und Ablenkungen im Verkehr

Mutmaßliche Ursache des schweren Zugunglücks von Bad Aibling im Februar 2016, bei dem zwölf Menschen starben und 84 verletzt wurden, war nach staatsanwaltlichen Ermittlungen ein Online-Computerspiel, das den Fahrdienstleiter auf seinem Handy abgelenkt hatte. Schon im Juli 2013 entgleiste in Spanien ein Zug, weil der Zugführer am Telefon mit einem Kollegen plauderte und so vergaß, rechtzeitig die Geschwindigkeit vor einer Kurve zu drosseln. Die Konsequenz: 80 Tote und 144 Verletzte. Und ein ähnliches Zugunglück mit 25 Toten wurde 2008 aus den USA berichtet, bei dem der Lokführer durch SMS-Korrespondenz abgelenkt war.

Besonders im Straßenverkehr mehren sich die Unfälle, weil Autofahrer von ihren Smartphones oder Navigationssystemen abgelenkt werden. Neueste Studien haben ergeben:

- Das Unfallrisiko steigt (gegenüber einem konzentrierten Fahrer) um mehr als das Dreifache, wenn man am Steuer mit seinem Handy hantiert. Und das leuchtet ohne Weiteres ein, wenn man sich vergegenwärtigt: Wer bei Tempo 100 nur zwei Sekunden auf den Bildschirm schaut, ist 60 Meter im Blindflug unterwegs!
- Beim Schreiben einer SMS am Steuer ist das Unfallrisiko sechs Mal so hoch!
- Beim Eingeben einer Telefonnummer zwölf Mal so hoch!
- Auch die Bedienung des Navigationssystems erhöht das Risiko signifikant.

Etwa 50 000 Unfälle pro Jahr gehen in Deutschland auf Ablenkungen durch Smartphones zurück. Tendenz ständig steigend.

Doch auch Fußgänger sind gefährdet. Anfang März 2016 ging in München eine 15-Jährige auf die Straße, in den Ohren die Kopfhörer, den Blick fest aufs Smartphone gerichtet. Weder hörte sie die Straßenbahn hinter sich noch sah sie sie. Sie wurde erfasst, mitgeschleift und starb. *Smombies* werden sie genannt (eine Kombination aus Smartphone und Zombies, 2015 zum Jugendwort des Jahres gekürt): Gestalten, die im Straßenverkehr nichts mehr wahrnehmen außer ihren Bildschirmen, die chatten, statt nach rechts →

und links zu schauen, die daddeln und streamen, statt aufzupassen und rechtzeitig anzuhalten. Mit gesenktem Kopf laufen sie herum, versunken in einer anderen Welt. Die Angehörigen der »Generation Kopf-nach-unten« werden auch als »digitale Fußgänger« oder »Hans-guck-in-die-Hand« bezeichnet. Die Anzahl der Mitglieder steigt ständig, die Unfälle mehren sich. Über 20 Prozent der Jugendlichen sind nach einer neuesten Studie der Dekra so auf den Straßen unterwegs. In Köln und Augsburg haben 2016 die Stadtwerke angefangen, mit Boden-Ampeln gegenzusteuern: Rote Blinklichter am Boden sollen verhindern, dass Handy-Nutzer die Straße bei Rot überqueren. Und in der chinesischen Millionenstadt Chongquing wurden auf den Gehwegen sogar Extraspuren für Smartphone-Nutzer eingerichtet. Aber eigentlich würde man erwarten, dass die Lösung dieses Problems auch aus der digitalen Welt kommt. Wenn es schon nicht gelingt, die Nutzer zur Vernunft zu bringen, so könnte doch eine entsprechende App dafür sorgen, dass das Display rot blinkt, wenn die Ampel Rot zeigt, und so den Smombie rechtzeitig aufwecken!

Bis es so weit ist, sollten Sie zu Ihrer eigenen Sicherheit folgende (an sich selbstverständliche, aber wohl in Vergessenheit geratene) überlebenswichtige Regeln beachten und Ihre Kinder ebenfalls dazu anhalten:

5 überlebenswichtige Gebote im Straßenverkehr

Am Steuer:

- Navi-Eingaben vor der Fahrt
- Telefonieren nur über Freisprechanlage
- Keine SMS lesen oder schreiben

Als Fußgänger:

- Augen nach vorne (nicht aufs Smartphone)
- Immer ein Ohr frei (keine »Stöpsel« in beiden Ohren)

tig. Dadurch verliert man immer mehr die kognitive Kontrolle und macht leichter Fehler. Das ständige Umschalten schwächt also unsere konzentrierte Aufnahmefähigkeit.

- Multitasking ist für das Gehirn sehr anstrengend. Daniel J. Levitin, Professor für Psychologie und Neurowissenschaften der McGill University in Montreal, Kanada, beschreibt dies wie folgt: Der Wechsel von einer Aktivität zur anderen führt im Vorderhirn (dem sogenannten Präfrontallappen) zu einer erhöhten Verbrennung von Glukose, dem Treibstoff, den wir benötigen, um uns zu konzentrieren. Wir verfeuern also buchstäblich die wichtigen Nährstoffe des Gehirns.[20] Kein Wunder, dass man sich schnell ausgelaugt fühlt: eine neurochemische Erschöpfung!
- Multitasking ist nicht nur anstrengend, sondern auch ineffektiv. Aufgrund der geringeren Leistungsfähigkeit schafft man nicht mehr, sondern weniger, man leistet nicht bessere, sondern qualitativ schlechtere Arbeit. Die mentalen Beeinträchtigungen durch Multitasking können den effektiven IQ um zehn Punkte senken und sind sogar stärker als diejenigen, die durch Rauchen von Marihuana ausgelöst werden, wie Glenn Wilson vom Gresham College in London feststellte.[21] Kat McGowan ergänzt: Wer während des Autofahrens mit dem Handy telefoniert, lenkt sich ähnlich stark ab, als hätte er zwei oder drei Gläser Alkohol getrunken.[22] Fazit: Multitasking senkt die Leistungsfähigkeit dramatisch.
- Multitasking behindert das Lernen und verschlechtert das Erinnerungsvermögen – das hat Russ Poldrack, Neurowissenschaftler der Stanford University, im Rahmen einer Studie herausgefunden: zum einen, weil das Gehirn Schwierigkeiten damit hat, wichtige Informationen von unwichtigen zu unterscheiden, wenn es versucht, zwei Dinge gleichzeitig zu tun; zum anderen, weil neue Informationen in der falschen »Abteilung« im Gehirn abgespeichert werden, wenn man beim Lernen multitaskt. Wenn Studenten beim Lernen gleichzeitig fernsehen, wird der Lernstoff im Striatum gespeichert, ein Hirnareal, das für neue Erlebnisse zuständig ist, nicht aber für

Multitasking

ist nicht nur

- unmöglich,

es zu versuchen ist

- unproduktiv
- unkreativ
- erschöpfend
- schädlich
- oft gefährlich

und somit

- nicht zu empfehlen

Fakten und Ideen. Ohne TV wird neues Wissen dagegen im Hippocampus abgespeichert, wo es kategorisiert und organisiert wird, sodass es später leichter abgerufen werden kann. Lernen vor dem Fernseher ist also gewissermaßen Selbstbetrug und Selbstsabotage.[23]

- Multitasking beeinträchtigt die Kreativität. Problemlösungen und innovative Gedanken erfordern in der Regel, dass man sich (möglichst auch ohne Unterbrechungen) für eine gewisse Zeit ausschließlich einer Angelegenheit widmet. Oft ist es förderlich, wenn das Gehirn dabei zwischen Fokussierung und entspannender Abschweifung wechseln kann. In solchen Momenten der Entspannung, in denen die Gedanken ohne Druck in die eine oder andere Richtung wandern können, in denen Assoziationen und neue gedankliche Verbindungen möglich sind, tauchen häufig die guten Ideen und Lösungen auf, nicht aber beim Versuch, mehrere Aufgaben gleichzeitig zu bewältigen. So kommt auch Gloria Mark, Informatikprofessorin der Universität Irvine, in ihren Studien zu einem klaren Ergebnis: »Multitasking ist schlecht für Innovation.«[24]
- Multitasking verursacht Stress, Nervosität und ist auf Dauer gesundheitsschädlich, denn es steigert die Produktion der Stresshormone Adrenalin und Cortisol, die wiederum klares Denken beeinträchtigen oder gar verhindern (Näheres hierzu in Kapitel 4). Multitasker werden mit der Zeit immer nervöser. Dies bestätigt auch der Stressreport der Bundesanstalt für Arbeitsschutz und Arbeitsmedizin: Mehr als die Hälfte der Befragten fühlt sich durch Multitasking unter Druck gesetzt, gestresst und in ihrer Gesundheit beeinträchtigt.[25]

Verhängnisvollerweise schadet uns nicht nur das aktive Multitasking, sondern allein die Möglichkeit dazu. Die bloße Anwesenheit einer ungelesenen E-Mail in der Inbox des Computers beeinträchtigt und reduziert die Konzentrationsfähigkeit bereits erheblich.[26]

Die 7 schädlichen Wirkungen von Multitasking
1. schadet der Konzentrationsfähigkeit 2. ist anstrengend und erschöpfend für das Gehirn 3. vermindert die Leistungsfähigkeit und führt zu Ineffizienz 4. behindert das Lernen und verschlechtert das Erinnerungsvermögen 5. beeinträchtigt die Kreativität 6. verursacht Stress und Gesundheitsschäden 7. ist im Straßenverkehr sehr gefährlich

Nach allem, was wir erfahren haben: Warum multitasken dann trotzdem so viele? Ist Multitasking tatsächlich eine notwendige Folge des Technologiewandels im 21. Jahrhundert? Zwingen uns die äußeren Umstände dazu? Oder gibt es noch einen anderen Grund?

In der Tat spielt beim Multitasking noch ein weiterer Aspekt eine Rolle. Multitasking hat etwas Rauschhaftes, Süchtigmachendes: Es gibt uns einen opiathaften inneren Kick, der nach ständiger Wiederholung ruft, genährt durch eine sogenannte »Dopamin-Rückkopplungsschleife« in den Gehirnzellen, einem trügerischen inneren Belohnungssystem, welches das Gehirn dafür belohnt, dass es die Konzentration aufgibt und ständig nach einer neuen äußeren Stimulierung sucht. Wie funktioniert das?

Unser Gehirn hat eine Art Suchzentrum für Neues, die sogenannte Substantia nigra, deren Vorliebe für Neues genauso stark, manchmal sogar stärker ist als unser Ernährungs- und Sexualtrieb und einige andere Überlebensinstinkte. Jeder neue Impuls löst eine Dopamin-Ausschüttung aus, die uns motiviert, weiter nach Neuem zu suchen. Damit geraten wir in eine verhängnisvolle dopamingesteuerte Rückkopplungsfalle, ohne es zu merken. Und leider ist es genau die Hirnregion, die wir brauchen, um uns zu konzentrieren (der sogenannte Vorderlappen des Großhirns), die von neuen Kleinigkeiten abgelenkt werden kann: vom Klingeln des Handys, von einer eintreffenden E-Mail, einem neuen, sich öffnenden Fenster im Internet oder einer SMS. Wie ein Vater, der vorn im Auto am Steuer

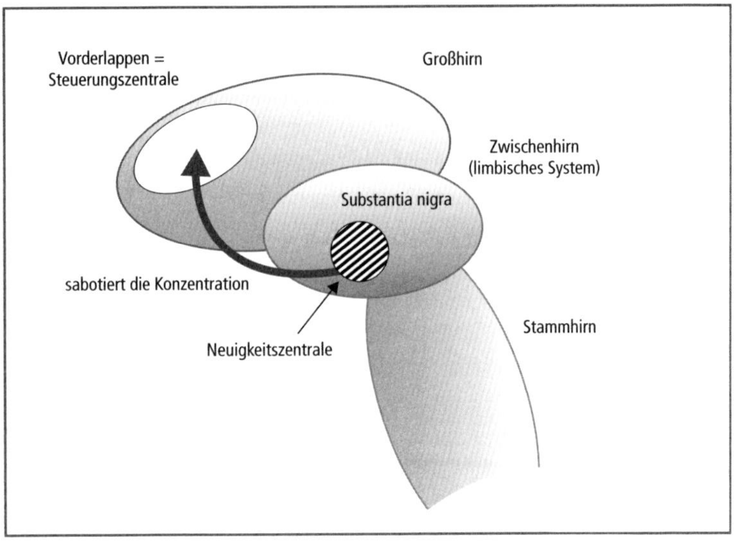

Genau die Hirnregion, die wir brauchen, um uns zu konzentrieren, wird von einer anderen Hirnregion behindert: Das Gehirn sabotiert sich selbst

sitzt (sozusagen der Präfrontallappen) und versucht, sich auf den Verkehr zu konzentrieren, dabei ständig von seinem kleinen Sohn, der auf der Rückbank sitzt (die Substantia nigra), abgelenkt wird: »Papa, da, schau! ... Papa, was ist das da vorne? ... Papa, mach lauter! ... Papa, fahr schneller!« Alle diese kleinen Dinge stimulieren das belohnungssüchtige Neuigkeitszentrum des Gehirns und lösen jedes Mal eine kleine Explosion körpereigener Opiate, insbesondere Dopamin, aus. Kein Wunder, dass es sich so gut anfühlt und alle das Spiel weiterspielen – doch leider zum Nachteil des Vorderlappens, unserer Steuerungszentrale, die bei der Sache bleiben will, um später die Belohnung für die aufrechterhaltene Konzentration zu bekommen.

Nicht unerwähnt bleiben sollen jene ganz seltene Fälle, in denen Menschen tatsächlich ihre Aufmerksamkeit gleichzeitig zwei Aufgaben widmen können, und zwar mit Erfolg. David Strayer, der bereits erwähnte Spezialist für Multitasking, nennt sie »Supertasker«. Vor einigen Jahren entdeckte er bei einem Experiment einen solchen Teilnehmer, der fehlerlos sogar drei Aufgaben auf einmal bewältigen konnte, und bei weiteren Versuchen fand er heraus, dass etwa 2,5 Prozent der Probanden über diese ungewöhnliche Fähigkeit verfügten. Doch Supertasker sind rare Ausnahmen, deren Fähigkeit wohl größtenteils einen genetischen Ursprung hat. Ansonsten rät auch Strayer jedem vom Versuch des Multitaskens ab, stattdessen solle man lernen und trainieren, sich besser zu konzentrieren und weniger auf Ablenkungen zu reagieren.[27] Wie uns dies gelingen kann, dazu später mehr (siehe Kapitel 3).

Alte Weisheit zum Monotasking

Ein Schüler fragte einmal seinen Meister, warum dieser immer so ruhig und gelassen sein könne. Der Meister antwortete:

> »Wenn ich sitze, dann sitze ich.
> Wenn ich stehe, dann stehe ich.
> Wenn ich gehe, dann gehe ich.
> Wenn ich esse, dann esse ich.«

Der Schüler fiel dem Meister ins Wort und sagte: »Aber das tue ich auch! Was machst du darüber hinaus?«

Der Meister blieb ganz ruhig und wiederholte wie zuvor:

> »Wenn ich sitze, dann sitze ich.
> Wenn ich stehe, dann stehe ich.
> Wenn ich gehe, dann gehe ich …«

Wieder sagte der Schüler: »Aber das tue ich doch auch!«

> »Nein«, sagte der Meister. »Wenn du sitzt, dann stehst du schon. Wenn du stehst, dann gehst du schon. Wenn du gehst, dann bist du schon am Ziel.«

Und falls Sie es doch nicht lassen können, etwas »nebenbei« zu machen, dann fragen Sie sich wenigstens: Was ist die Hauptsache

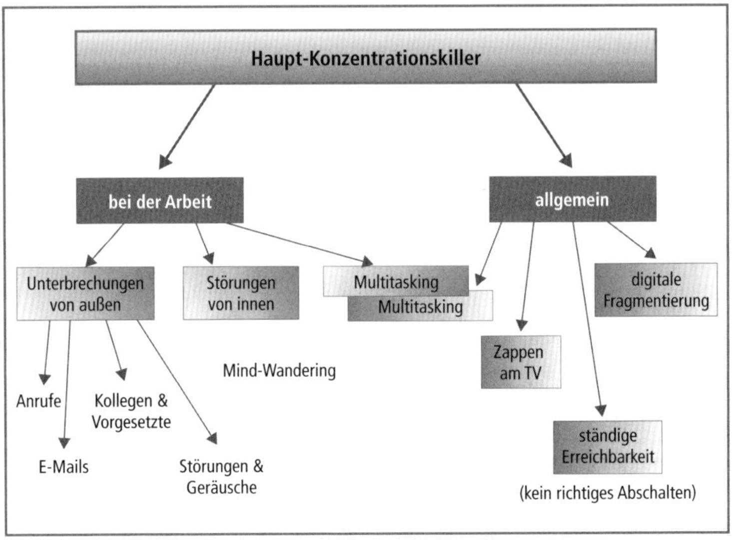

und was die Nebensache? Das Bügeln oder der Film im Fernsehen, das Meeting oder das Surfen im Netz, das Essen oder die E-Mail, das Autofahren oder das Telefonat, das Spiel mit den Kindern oder der Chat? Eine Aktivität wird immer zur Nebensache – und bleibt häufig auf der Strecke!

Der zerstreute Mensch

Insbesondere durch die intensive Nutzung der neuen Medien scheint ein neuer Typus Mensch entstanden zu sein, den man am treffendsten wohl als »zerstreuten Menschen« oder »zerstreutes Ich« bezeichnen kann: ein methodisch zerstreutes Selbst, das ohne inneres Zentrum und Halt von Reizen geleitet wird, die es weder kontrolliert noch richtig durchschaut.[28] Im Unterschied zur entspannenden Zerstreuung ist diese »konzentrierte Zerstreuung« eine permanente und systematische, die die Psyche krank macht und zu einer Fragmentierung des Menschen führt.[29]

Wenn Sie etwas

NEBENBEI

machen:

Was ist die

HAUPTSACHE…

und was die

NEBENSACHE???

Ist der neue Typus des 21. Jahrhunderts der zerstreute Mensch?

Kennzeichnend für das zerstreute Ich ist ein wandernder Geist. Mind-Wandering ist ein Zustand, bei dem man nicht bei der Sache ist. Sobald unsere Aufmerksamkeit nicht durch eine Sinneswahrnehmung an den aktuellen Moment gebunden oder durch eine dringend zu lösende Aufgabe gefesselt ist, beginnt unser Geist zu wandern, schreibt der Bewusstseinsforscher Thomas Metzinger. Nach seinen Forschungen ist der moderne Mensch zu zwei Dritteln des Tages kein autonomes geistiges Subjekt mehr, sondern »torkelt mit einer Menge Krimskrams im Kopf durchs Leben«.[30] Denn wenn unsere Gedanken abschweifen, aktiviert das Gehirn eine Fülle von Schaltkreisen, die sich mit Dingen beschäftigen, die nichts mit dem zu tun haben, was wir gerade tun sollten. Und je stärker wir abgelenkt werden, desto seichter werden unsere Gedanken. Es verwundert wohl nicht, dass unsere Gedanken am häufigsten bei der Arbeit abschweifen, vor allem, wenn sich das Gehirn zwischendrin unterfordert fühlt.[31] Schweifende Gedanken stanzen Löcher in die Auffassungsgabe und stellen wahrscheinlich die größte Verschwendung von Aufmerksamkeit am Arbeitsplatz dar.[32]

Und Sie? Wie viel Zeit verlieren Sie schätzungsweise täglich beim Mind-Wandering?

________ Stunden oder _________ Minuten.

Wie fühlen Sie sich dabei?

____

____

Der neue Typus Mensch ist selten im gegenwärtigen Augenblick (im Jetzt), selten an dem Ort, an dem er sich gerade befindet, und selten »bei sich selbst«. Je zerstreuter man ist, desto weniger nimmt man zur Kenntnis, was gerade geschieht. Unser unmittelbares Gefühl für das, was im Moment passiert, wird extrem abgeschwächt. Ein solches häufiges Abdriften kann uns sogar nach und nach der Fähigkeit berauben, den Realitäten des eigenen Lebens ins Gesicht zu blicken.[33] So wird man im wahrsten Sinne des Wortes »geistesabwesend«.

Schweifende Gedanken stanzen Löcher in die Auffassungsgabe

Schon der Philosoph Martin Heidegger warnte vor der Erosion einer Fähigkeit, die das Kernstück unseres Denkens darstellt: die Fähigkeit, unsere Aufmerksamkeit eine Zeit lang auf ein einzelnes Thema zu richten.[34] Viele Menschen sind kaum noch in der Lage, konzentriert, interessiert und fokussiert ein Gespräch zu führen, sich auf ein Musikstück einzulassen, ein Buch so zu lesen, dass man völlig davon eingenommen ist. Aufmerksamkeitsforscher sind mittlerweile der Ansicht, dass die Fähigkeit zum »tiefen Lesen« nach und nach abhanden kommt. Oft bemerkt man erst nach einiger Zeit, nach vielen Zeilen, manchmal erst nach Seiten, dass man den Text nur mechanisch gelesen, aber nichts verstanden hat – die Gedanken waren mal wieder woanders unterwegs.[35] Die ruckartige Inanspruchnahme des Gehirns durch Impulse steigert zwar zunächst die Aufmerksamkeit, mit der Zeit führt der Dauerbeschuss aber zum Gegenteil, nämlich zu einem Aufmerksamkeitsdefizit. Das AD(H)S-Phänomen ist mittlerweile zu einem gesamtgesellschaftlichen Problem geworden.

Je größer die Anforderungen an unsere Aufmerksamkeit, desto schlechter können wir Versuchungen widerstehen

Gleichzeitig sinkt auch die Fähigkeit zur Selbstbeherrschung. Die chronische kognitive Überlastung, die heute das Leben so vieler Menschen kennzeichnet, senkt nachweislich das Maß unserer Selbstbeherrschung. »Je größere Anforderungen an unsere Aufmerksamkeit gestellt werden, desto schlechter, so scheint es, können wir Versuchungen widerstehen«, so Daniel Goleman, der infolgedessen die Epidemie der Fettleibigkeit in den Industrienationen unter anderem auf die größere Anfälligkeit zurückführt, dass man, wenn man abgelenkt ist, unbewusst handelt und automatisch zu zuckerreichen, fetten Lebensmitteln greift. Forschungen haben ergeben, dass die Menschen, die erfolgreich abgenommen und das niedrigere Gewicht gehalten haben, am besten zu kognitiver Kontrolle in der Lage waren, wenn sie mit kalorienreichen Leckerbissen konfrontiert wurden.[36]

Der ständig wandernde Geist scheint kein besonders glücklicher zu sein. Forschungen der Harvard University haben gezeigt, dass Menschen in den Phasen, in denen ihre Gedanken abschweifen, durchweg unglücklicher waren als in Zeiten, in denen sie gedanklich im Hier und Jetzt bei der Sache waren. Die Stimmung der Menschen war eher unangenehm und düster, wenn ihre Gedanken abwanderten. Wir zahlen also auch einen emotionalen Preis, wenn wir über etwas nachdenken, das gerade nicht passiert.[37]

Folgen der Konzentrationskiller

- ein »zerstreutes Ich«, Fragmentierung des Menschen
- Mind-Wandering
- geringe Präsenz, selten im Augenblick
- Verlust der Konzentrationsfähigkeit
- geringere Fähigkeit zur Selbstbeherrschung
- gesundheitliche Beeinträchtigungen
- sinkende Leistungsfähigkeit/Lernprobleme
- größere Unzufriedenheit und Getriebensein

ZUSAMMENFASSUNG

1. Konzentration ist der entscheidende Rohstoff des 21. Jahrhunderts.
2. Konzentration bedeutet, die volle Aufmerksamkeit auf nur eine Sache zu richten. Das Gegenteil ist Zerstreuung.
3. Konzentration steigert die Leistung und Effizienz, denn: Leistung = Zeitaufwand × Konzentration.
4. Im Zustand der Konzentration werden äußere Störungen ausgeblendet und aufkommende Gedanken verdrängt.
5. Konzentriertes Tun steigert das Wohlgefühl und lädt die inneren Batterien auf.
6. Die Fähigkeit zur Konzentration ist seit Anfang dieses Jahrhunderts nach und nach verloren gegangen.
7. Hauptkonzentrationskiller sind die Fliehkräfte der digitalen Medien, die ständigen Unterbrechungen, denen wir ausgesetzt sind, und das Multitasking.
8. Das Gehirn ist der ständig wachsenden Informationsflut und den permanenten Ablenkungen der digitalen Medienvielfalt nicht gewachsen.
9. Wir werden ununterbrochen unterbrochen, durchschnittlich alle elf Minuten – vor allem durch E-Mails, Smartphone-Nachrichten und Telefonate.
10. Unterbrechungen bewirken den sogenannten Sägeblatteffekt, schaden der Arbeitseffizienz mehr als Marihuana und verursachen wirtschaftliche Schäden in Milliardenhöhe.
11. Wir haben uns an die zunehmenden Unterbrechungen gewöhnt wie der Frosch in der Pfanne an die steigende Temperatur. Es ist höchste Zeit, aufzuwachen und gegenzusteuern!
12. Störungen von innen durch auftauchende Gedanken, Grübeln und Tagträumen sind ebenso schädlich wie äußere Störungen.

13. Die Folgen ständiger Unterbrechungen sind: geringere Leistung und schlechte Effizienz, häufige Fehler, Verfehlen des Tagesziels, Stress und Gesundheitsschäden.
14. Multitasking ist eine Illusion. Das Gehirn kann sich nur einer Sache mit voller Aufmerksamkeit widmen.
15. Nur automatisierte Tätigkeiten lassen sich nebenbei erledigen.
16. Der Versuch des Multitaskings schadet der Konzentrationsfähigkeit, ist für das Gehirn anstrengend, vom Ergebnis her ineffektiv und oft auch gefährlich.
17. Das Gehirn sabotiert sich beim Multitasking selbst, da es neue Informationen häufig falsch abspeichert.
18. Die Folge der modernen Konzentrationskiller ist der »zerstreute Mensch« mit einem ständig »wandernden Geist« und abschweifenden Gedanken.

2. Konzentration ist möglich

Wer ein wenig Fachliteratur wälzt oder in Aufsätzen und Artikeln blättert, stößt rasch auf die verschiedensten Beschreibungen, was Konzentration ist oder sein soll. Diese Beschreibungen sind teilweise ziemlich blumig und scheinen in ihrer Bildhaftigkeit häufig direkt der Theaterwelt zu entspringen. Konzentration wird da als die Fähigkeit beschrieben, das eigene Blickfeld zu verengen, es auf einen kleinen Ausschnitt der Umwelt zu richten – so wie auf das Bühnenportal eines kleinen Theaters, auf die unsichtbare »4. Wand«, die zwischen dem Bühnenkasten und dem Zuschauerraum steht.[38] Dazu passt das Bild von der Aufmerksamkeit als »Suchscheinwerfer«, den man sich wie einen »Verfolger« vorstellen kann. Das ist der Scheinwerfer, der den Bühnenstar auf seinem Weg die lange Showtreppe hinunter verfolgt und in gleißendes Licht hüllt. Die Aufmerksamkeit kann sich wie ein solcher Suchscheinwerfer auf eine Sache, auf ein Ziel richten, und wir werden gleich sehen, dass man manchmal nicht einmal viel dafür tun muss. In manchen Situationen wird der Scheinwerfer vom Ziel sogar geradezu magisch angezogen.[39] Leider funktioniert das nicht immer so.

Jetzt konzentrier dich doch mal!

Lassen wir die Bildsprache beiseite und sehen wir uns genauer an, was Konzentration ist. Ich habe mich vor Jahren selbst einmal mit der Frage, was Konzentration eigentlich ist, konfrontiert gesehen und muss rückblickend sagen: Ich war nicht sonderlich gut darauf vorbereitet. Es ist mir gelungen, mich einigermaßen aus der Affäre zu ziehen, obwohl ich einen sehr kritischen Gesprächspartner hatte – meine Tochter. Sie war damals knapp zehn Jahre alt, und es fing eigentlich harmlos an. Meine Tochter saß über ihren Hausaufgaben. Es ging nicht richtig voran, Papa sollte erst erklären, dann helfen, dann (am besten) gleich selbst machen … Irgendwann rutschte mir der entscheidende Satz heraus: »Jetzt konzentrier dich doch mal!« Als Erziehungsberechtigter fühlte ich mich dabei richtig gut. »Ja, Papa, und wie geht das bitte?« Mein gutes Gefühl verabschiedete sich so schnell, wie es gekommen war. Wie das geht? Keine Ahnung, ich wusste es nicht. Das war natürlich keine gute Antwort. Gäbe es doch so etwas wie einen Mechanismus, eine Art Schalter, den man nur umlegen müsste, um in den Zustand »konzentrierter Aufmerksamkeit« zu gelangen. Doch wie jeder weiß: Einen solchen Schalter gibt es nicht.

Mir kam dann ein rettender Gedanke, für den ich heute noch dankbar bin. Ich bewaffnete mich mit einer Lupe und einem Blatt Papier und zeigte meiner Tochter in einem kleinen Experiment (das sie übrigens ganz und gar fesselte – Stichwort: Konzentration), wie man mit Lichtbündelung ein Blatt Papier zum Brennen bringt. Sie kennen dieses Beispiel schon vom Anfang dieses Buches. Mit diesem anschaulichen Beispiel über die unterschiedliche Wirkung von zerstreutem und gebündeltem Licht konnte ich ihr erklären, in welch unterschiedlichen Bewusstseinszuständen wir arbeiten können: mit zerstreuten, umherirrenden Gedanken oder eben mit gebündelter und hochkonzentrierter Aufmerksamkeit und welche Wirkung wir mit letzterer erzielen können.

Jetzt konzentrier dich doch mal!

Dank wissenschaftlicher Forschungen wissen wir inzwischen recht gut, was nötig ist, um im Gehirn Konzentration zu bewirken.[40] Eine frühe, bereits aus dem ausgehenden 19. Jahrhundert stammende Erkenntnis ist: Konzentration kann natürlich *von selbst* entstehen.[41] Eine spannende Lektüre, die einen alles um sich herum vergessen lässt: Man denkt, zwei Stunden seien vergangen, und stellt dann erstaunt fest, dass es vier Stunden waren. So etwas passiert, wenn ein äußerer Reiz, eine Attraktion vorhanden ist, der/die unsere Aufmerksamkeit in Beschlag nimmt. Spannende Bücher oder Filme, ein interessanter Fachaufsatz ebenso wie ein faszinierender Gesprächspartner, aber auch gefährliche, gar lebensbedrohliche Momente – all das zieht unsere Aufmerksamkeit auf sich. In diesen Fällen müssen wir für die Konzentration nichts tun, außer eben uns fesseln zu lassen; sie stellt sich von selbst ein und wird daher auch als »passive Aufmerksamkeit« bezeichnet.[42]

Konzentration ist machbar!

Dummerweise ist dies erst die halbe Wahrheit: Denn leider sind die meisten Dinge, mit denen wir uns täglich beschäftigen (müssen), wahrnehmungs- und aufmerksamkeitspsychologisch eher unattraktiv. Nicht nur die Steuererklärung, auch der ganz normale Büroalltag besteht für die meisten Menschen aus zahllosen Tätigkeiten, die sie zwar nicht hassen, die aber auch nicht so spannend sind, dass wir uns dabei nicht mal gerne ablenken lassen. Eine Präsentation vorbereiten, den Monatsbericht verfassen, Excel-Tabellen bestücken etc. Bei solchen Tätigkeiten kommen wir schnell an den Punkt, an dem die Konzentration zum Problem wird.[43] Was können wir tun, wenn sie sich nicht von selbst einstellt, wenn der »Reiz« unattraktiv erscheint?

Konzentration in drei Schritten

Konzentration aktiv zu erzeugen bedeutet, die Aufmerksamkeit kontrolliert auf etwas zu lenken. Und das ist auch gleich die gute Nachricht: Konzentration ist machbar![44] Drei Voraussetzungen gilt es zu beachten:

3 Voraussetzungen, die Konzentration erzeugen

- eine klare Aufgabe,
- die herausfordert, ohne zu überfordern
- Abschirmung von Störungen

Schritt 1: Schaffen Sie einen Magneten

Wissen, was man will, eine klar definierte Aufgabe, ein Ziel: Das ist die erste, grundlegende Voraussetzung, um Konzentration zu erzeugen. Warum ist das so wichtig?

Eine Vielzahl von Dingen kämpft permanent um unsere Aufmerksamkeit. Sie schwirren um uns herum wie Mücken um eine Lichtquelle, versuchen, sich in Position zu bringen, um dem herumwandernden Geist ein Ziel zu geben. Es geht dabei immer um die beste Position im Kampf um unsere »passive« Aufmerksamkeit.

Je klarer die Aufgabe, desto größer die Magnetkraft

Dem muss aktiv etwas entgegengestellt werden – ein Ziel, das wie ein Magnet unsere Gedanken und mentalen Kräfte anzieht und sie gleichzeitig davon abhält, auf der Suche nach anderen Reizen zerstreut umherzuwandern. Die Magnetkraft eines klar definierten Ziels ist es, die den Geist – zumindest zeitweise – unempfindlich macht für andere Reize, die es uns ermöglicht, über einen längeren Zeitraum hinweg bei einer Sache zu bleiben.

Ich erlebe das in meinem eigenen Berufsleben beinahe täglich: Die klare Vorstellung von dem, was ich erreichen will, macht den entscheidenden Unterschied. Will ich zum Beispiel an einem Mittwochvormittag Kundenpflege betreiben, dann kann ich mir das in den Kalender schreiben: Stichwort »Kundenpflege«. Am Abend stelle ich dann meist fest, dass ich im Laufe des Tages mit immerhin zwei Kunden telefonischen Kontakt hatte. Der Rest des Tages ist irgendwie vorübergegangen, ich habe viel erledigt – nur nicht das, was ich wollte.

Wenn in meinem Kalender aber steht »09.00 bis 10.30 Uhr: zehn Kunden anrufen« und diese zehn Kunden in einer Tabelle aufgelistet auf meinem Schreibtisch liegen, dann ist die Chance, dass ich gegen 10.30 Uhr tatsächlich mit acht Kunden gesprochen habe, sehr hoch. Je klarer definiert, je genauer die Vorstellung des Zieles ist, desto größer ist dessen Magnetkraft. Die Liste mit den zehn Kundennamen verschafft mir ein klares Bild von dem, was ich erreichen will. Andere Reize haben es dann sehr viel schwerer, sich durchzusetzen. Das liegt daran, dass Bilder auf unser Gehirn eine mindestens zehnfach stärkere Wirkung haben als Worte oder Begriffe. Sehr vereinfacht dargestellt, erzeugen Bilder im Gehirn Eiweißmoleküle, und das könnte man als eine Art Turbostoff für die Gehirnwellen bezeichnen. Ein klares Bild von dem, was ich erreichen will, ist wie ein Magnet für meine geistigen Kräfte. Letztlich entscheiden die Bilder in unseren Köpfen über das, was wir im Leben erreichen.

Schritt 2: Schaffen Sie Attraktivität

Nicht zu leicht und nicht zu schwer: Darauf fährt Ihr Gehirn ab

Die nächste Voraussetzung für Konzentration betrifft die Qualität der Aufgabenstellung, man könnte auch sagen, die Attraktivität, die eine Aufgabe für unser Gehirn hat. Es verhält sich mit dieser Voraussetzung wie mit einem Verbrennungsmotor: Dieser hat in einem bestimmten Drehzahlbereich einen optimalen Wirkungsgrad, das bedeutet: maximale Kraftentfaltung bei minimalem Verbrauch. Über- oder unterschreitet man diese Grenzen, wird der Wirkungsgrad immer schlechter, der Verbrauch steigt. Übertragen auf unser Gehirn bedeutet das zweierlei:

- Eine Aufgabe darf nicht zu schwer sein, denn dann geraten wir in Stress (zu diesem Aspekt vgl. Kapitel 4). Unser Körper schüttet dabei vermehrt Adrenalin aus, ein Hormon, das unter anderem auch die Denkprozesse beeinträchtigt. Wir kommen also mit der sowieso schon schwierigen Aufgabe noch schlechter zurecht. An ein Erfolgserlebnis ist gar nicht zu denken, stattdessen kommt Frust auf. Diesen wiederum mag das Gehirn nun überhaupt nicht und sucht stattdessen nach etwas, das ihm mehr Spaß macht: Das war's dann mit der Konzentration!

- Auf der anderen Seite darf die Aufgabe aber auch nicht zu leicht sein. Auch dann droht Konzentrationsverlust.[45] Ein unterfordertes Gehirn ist nicht lange mit dieser Situation zufrieden; es sucht sich eine interessantere Beschäftigung. Der Geist fängt an umherzuwandern (vgl. das Phänomen »Mind-Wandering«, Kapitel 1), bis er entweder einen neuen, ausreichend stimulierenden äußeren Reiz findet, oder er weicht beispielsweise auf Tagträumen aus. Ist das Gehirn hingegen ausreichend ausgelastet, hat es schlicht keine Kapazitäten mehr frei, um auf andere Reize zu reagieren.[46]

Eine wichtige Rolle für die Konzentrationsfähigkeit spielt dabei auch die Aufnahmekapazität unseres Gehirns.[47] Schon Forschungen aus den 1950er-Jahren haben ergeben, dass das Gehirn innerhalb einer bestimmten Zeiteinheit nur eine begrenzte Anzahl von neuen Einheiten aufnehmen und verarbeiten kann, anschließend sinkt die Konzentrationsfähigkeit stark ab. Relevant für die Konzentration ist also nicht nur die Schwierigkeit einer Sache, sondern auch die Menge.

Bei welchen Tätigkeiten fällt es Ihnen schwer, sich zu konzentrieren, weil Sie sich überfordert fühlen?

Und bei welchen, weil Sie sich unterfordert fühlen und sie Ihnen langweilig erscheinen?

Schritt 3: Schützen Sie sich und Ihr Gehirn

Die dritte Voraussetzung für Konzentration ist heutzutage die wichtigste: Es geht darum, möglichst sämtliche Störungen und ablenkenden Reize auszuschließen, und zwar die äußeren (Kommunikationsmittel und Kollegen, um nur mal die wichtigsten zu nennen) genauso wie die inneren (Sorgen, Ängste, Tagträume). Natürlich nicht für immer und grundsätzlich, nur eine Zeit lang. Das Positive ist, dass wir Störungen nicht hilflos ausgeliefert sind. Wir können ihnen, häufig mit relativ einfachen Mitteln, begegnen. In zahlreichen Fällen lässt sich das sogar trainieren.[48] Alle Details zu diesem Punkt lesen Sie im folgenden Kapitel.

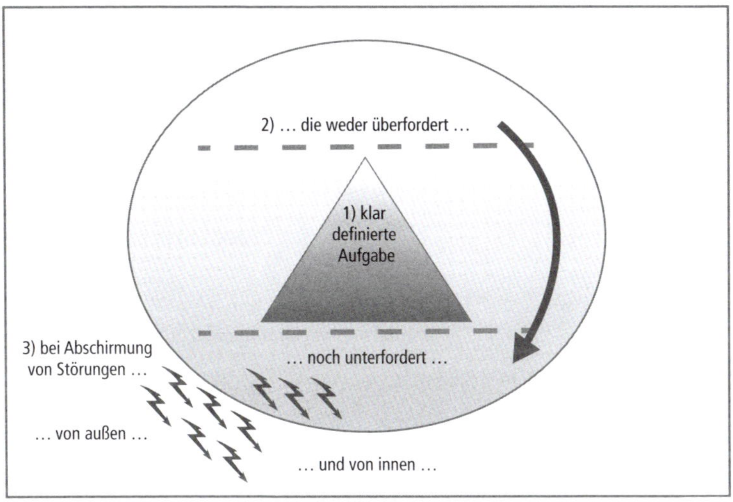

Eine Ergänzung

Und dann gibt es noch eine weitere Voraussetzung: dranbleiben und üben. Dabei geht es eigentlich nur darum, immer wieder Phasen der Konzentration zu schaffen. Denn der Mechanismus scheint auch umgekehrt zu funktionieren: Wer sich häufig konzentriert, dem fällt dieser Zustand mit der Zeit immer leichter. Wie Sie Konzentration regelmäßig trainieren können, lesen Sie in Kapitel 5.

ZUSAMMENFASSUNG

1. »Jetzt konzentrier dich doch mal!«, heißt es oft. Aber kaum jemand hat uns beigebracht, wie das geht.
2. Konzentration ist machbar, wenn wir drei Voraussetzungen schaffen: (1) eine klare Aufgabe, die (2) herausfordert, ohne zu überfordern, bei (3) gleichzeitiger Abschirmung von Störungen.
3. Je klarer die Aufgabe definiert ist, umso größer ist ihre »Magnetkraft« für unsere Aufmerksamkeit.
4. Ist eine Aufgabe zu schwer, schweifen die Gedanken ab. Ist sie zu leicht, sucht das Gehirn nach etwas Interessanterem.

3. Die große Kunst: das Abschirmen von Störungen

Gorillas und andere Ablenkungen

In einem der beeindruckendsten und gleichzeitig verblüffendsten Experimente der modernen Psychologie sollen sich etwa 50 Studenten in einem Hörsaal einen kurzen Film ansehen, in dem sich sechs Spieler Basketbälle zuwerfen. Das eine Team trägt weiße T-Shirts, das andere schwarze. Die eine Hälfte der Studenten soll die Anzahl der Würfe des weißen Teams, die andere Hälfte die des schwarzen Teams zählen. Das Spiel beginnt, die Studenten zählen. Nach etwa 30 Sekunden läuft eine Person in einem Gorillakostüm mitten durch das Spielgeschehen, trommelt sich nach Gorilla-Manier mit den Fäusten auf die Brust und verschwindet wieder aus dem Bild. Kurz danach endet der Film und die Studenten werden nach der Anzahl der Würfe ihres Teams gefragt. Die meisten nennen die richtige Zahl, doch: Die wenigsten hatten den Gorilla bemerkt! Ja, sie fühlten sich von der Frage sogar auf den Arm genommen oder reagierten verwirrt, bis sie den Film noch einmal ansahen und nun verwundert den Gorilla bemerkten.

Dieses Experiment der US-Psychologen Daniel Simons und Christopher Chabris gehört heute zu den Klassikern, um das Phänomen der sogenannten selektiven Wahrnehmung zu veranschaulichen, und zeigt: Wenn wir wirklich auf etwas fokussiert sind, blendet unsere Wahrnehmung alles aus, das mit der Aufgabe nichts zu tun hat. (Den Film können Sie übrigens leicht bei YouTube unter den Suchbegriffen »Simons, Chabris, Gorilla« finden.)

In einem ähnlichen Experiment wird ein Passant von einem anscheinend ortsunkundigen Mann mit einem Stadtplan nach dem Weg gefragt. Während er hilfsbereit Auskunft gibt, tragen zwei Handwerker eine Tür zwischen ihnen hindurch. Der Mann mit dem Stadtplan verschwindet, während die Tür ihn verdeckt, und ein anderer tritt an seine Stelle. Wieder bemerkten die meisten der gefragten Passanten den Wechsel nicht. Das heißt: Der Fokus unserer Aufmerksamkeit agiert wie ein Türsteher unseres Bewusstseins, der entscheidet, welche Informationen hineingelassen werden und welche draußen bleiben (also ausgeblendet werden). Und daraus ergibt sich zunächst mal eine gute Nachricht:

Wenn Sie wirklich auf eine Aufgabe konzentriert und in Ihrer Arbeit versunken sind, blendet Ihr Gehirn fast alle Störungen aus und lässt sich nicht ablenken!

So kann es sein, dass jemand mitten im Durcheinander eines Cafés oder umgeben vom Lärmpegel eines Großraumbüros hochkonzentriert einen Text in seinen Laptop tippt und gleichzeitig alle störenden Reize ignoriert. All seine neuronalen Systeme für Aufmerksamkeit, Fokussierung und Problemlösung sind synchronisiert. Optimalerweise ist er im Flow. Als Formel gilt:

Je stärker die Magnetkraft einer Aufgabe, desto immuner ist man gegen Störungen.

Bei welchen Tätigkeiten haben Sie selbst schon erlebt, dass Sie so bei der Sache sind, dass Sie fast alle Störgeräusche oder Ablenkungen ausblenden konnten?

Doch um Konzentration zu erzeugen, besonders am Anfang, bis wir fokussiert arbeiten, ist es zunächst erforderlich, so gut es geht alle Störungen zu vermeiden. Danach gilt es dann dafür zu sorgen, dass wir aus der Konzentration nicht wieder herausgerissen, insbesondere nicht unterbrochen werden.

Äußere und innere Saboteure

Unsere Konzentration kann auf zwei Arten beeinträchtigt werden: von außen oder von innen. Die äußeren Störenfriede sind die offensichtlichen, sie haben in den letzten Jahren fast exponentiell zugenommen. Die inneren sind fast noch gefährlicher, da man sie meist nicht erkennt. Sie sind ebenfalls in der Lage, unsere Aufmerksamkeit in Beschlag zu nehmen, uns von unserer Aufgabe abzubringen und unserer Arbeitseffizienz großen Schaden zuzufügen.

Welche Störungen erleben Sie immer wieder?

von außen | **von innen**

Angriff von außen

Zu den äußeren Störenfrieden im Arbeitsalltag gehören Störgeräusche und Ablenkungen aus dem Umfeld, vor allem aber Unterbrechungen durch eintreffende Telefonate, ankommende E-Mails oder durch Kollegen am Arbeitsplatz (wie sehr Letztere der Konzentration schaden können, wurde schon in Kapitel 1 dargelegt). Unterbrechungen sind der Konzentrationsfeind Nummer eins der heutigen Arbeitswelt.

Unser Gehirn hört und sieht alles

Grundsätzlich hört und sieht unser Gehirn alles. Und vor allem vergleicht es alles. Sobald sich in unserer Umgebung etwas verändert, richtet es seine Aufmerksamkeit darauf und klassifiziert es sofort als »interessant« oder »uninteressant«, als »gefährlich« oder »harmlos«. Hält ein bestimmter Reiz länger an, vor allem wenn er uninteressant und harmlos ist, gewöhnt sich das Gehirn daran. Daher werden Störgeräusche und der allgemeine Lärmpegel in Büros und öffentlichen Orten schnell ausgeblendet. Dennoch: Falls Sie können, versuchen Sie lieber in einer ruhigen Umgebung zu arbeiten. Dann fällt Ihrem Gehirn die Konzentration leichter, denn auch das Ausblenden kostet mentale Energie und ermüdet auf Dauer Ihren Denkapparat.

Ablenkungen durch das Umfeld sind schon weniger harmlos. Vor allem Dinge, die auf dem Schreibtisch herumliegen und nicht zur momentanen Aufgabe gehören, können sich zu Reizen mit eigener Magnetkraft entwickeln, wenn die Anziehungskraft der eigentlichen Aufgabe einmal abnimmt, weil sie vorübergehend zu leicht oder zu schwer erscheint (siehe Kapitel 2). Kommen wir mit dem Schriftsatz oder dem Projekt nicht voran, an dem wir gerade arbeiten, fällt unser Blick auf die Liste der unerledigten Telefonate, den Stapel mit der Post, den Urlaubsprospekt oder auf eine andere Akte – und schon heftet sich unsere Aufmerksamkeit daran, die Gedanken wandern ab, und das war's dann mal wieder mit der Konzentration, bis wir vielleicht nach einiger Zeit wieder aufwachen, um zur eigentlichen Sache zurückzukehren. Also: Räumen Sie den Schreibtisch möglichst leer, entfernen Sie alles aus dem Blickfeld, was nicht zu Ihrem Projekt gehört und Sie ablenken könnte. Aus den Augen, aus dem Sinn! Wenn Sie eine gute To-do-Liste haben, bleiben diese anderen Angelegenheiten nicht auf der Strecke.

Doch das Allerwichtigste ist: Schützen Sie sich vor Unterbrechungen, dem Hauptfeind aller Konzentration. Wenn das Handy an ist, dann wirkt das für einige Menschen wie ein »innerer Bereitschaftsdienst«. Wie für eine Mutter das Kleinkind, das jederzeit schreien kann. Auf Dauer kann das an den Nerven zerren. Also: Schalten Sie es für gewisse Zeiten aus! Schaffen Sie zeitliche Schutzräume für konzentrierte Arbeit, Zeitinseln, in denen Sie nicht gestört werden können. Abschalten und sich ausklinken (auch nur vorübergehend) sind die Herausforderungen der Gegenwart und der Ausweg aus dem Hamsterrad, in dem wir uns ständig (rein reagierend) bewegen. In fast allen Berufssituationen ist es möglich, mal für ein bis zwei Stunden nicht erreichbar zu sein. Und dann gilt:

- Handy aus und gegebenenfalls das Telefon umleiten!
- Keine E-Mails zulassen und keine E-Mails checken!
- Kollegen durch klare Signale von Unterbrechungen abhalten, beispielsweise durch eine kleine rote Plakette an der Tür, die bedeutet: »Bitte vorübergehend nicht stören – nur in Notfällen!« (Eine grüne Plakette signalisiert dann: »Gerne herein!«)

Mittlerweile gibt es hierfür Unterstützung durch entsprechende Software und Apps. Denn neben dem Telefon ist der Computerbildschirm das Haupteinfallstor für Ablenkungen und Unterbrechungen: Pop-ups, die etwas verdecken, Aufblinken von Werbung, Links, die einen zu anderen Seiten locken wollen, und dazwischen immer wieder »pling«, das Eintreffen einer E-Mail. Mit Apps wie »Self-Control« oder »Freedom« kann man den Computer für eine gewisse Zeit vom Internet abkoppeln (weitere Tipps hierzu am Ende des Buches). Es mag ein Zeichen der Zeit oder der heutigen Not sein, dass beispielsweise die englische Schriftstellerin Zadie Smith in

- NO PHONE
- NO MAIL
- NO ENTRY

ihrem Roman *London NW* nicht nur ihren Freunden, sondern auch den Computerprogrammen »Freedom« und »Self-Control« dankt »für das Schaffen von Zeit«[49].

In aller Regel dürfte es völlig genügen, wenn Sie Ihre E-Mails etwa alle zwei Stunden checken. In den meisten Fällen reicht es wohl genauso, wenn Sie sich damit zwei Mal am Tag beschäftigen (häufiger kam die Post früher auch nicht).

Michael Meier, ein langjähriger Freund von mir, ist erfolgreicher Rechtsanwalt in einer renommierten Münchner Kanzlei. Er kommt jeden Morgen etwa um 9.00 Uhr in sein Büro, ist aber erst ab 10.00 Uhr erreichbar. So lange ist sein Handy im Flugmodus, sein Telefon ins Sekretariat umgeleitet, das E-Mail-Programm noch nicht aktiviert. Das Gleiche in der Mittagspause zwischen 12.30 und 14.00 Uhr: Wer um 12.31 Uhr anruft und Herrn Meier erreichen will, bekommt von seiner Sekretärin die freundliche Mitteilung, er sei »in Mittag« und auf Nachfrage wird ergänzt, Mittag sei bis 14.00 Uhr. So ist es jeden Tag.

Tatsächlich macht Michael eine halbe Stunde Pause, isst sein Vollkornbrötchen und Obst, geht im Park spazieren, dann diktiert er wieder ungestört seine Schriftsätze, hochkonzentriert, im Flow. Ich war einmal dabei: Selten habe ich jemanden so schnell und nahezu druckreif diktieren gehört. Das Gleiche dann nochmals zwischen 17.00 und 18.00 Uhr. Und er verliert oder verärgert dadurch keinen seiner Mandanten, denn die lernen sehr schnell, zu welchen Zeiten sie ihn erreichen können. Er ist übrigens der einzige Anwalt in dieser großen Kanzlei, der jeden Tag zwischen 18.00 und 19.00 Uhr nach Hause geht und sich auch am Wochenende dort fast nie blicken lässt. Dabei erwirtschaftet er den höchsten Umsatz von allen Partnern. Kein Wunder: Er arbeitet schließlich jede Woche mindestens 15 Stunden hochkonzentriert!

Genau das ist die Umsetzung der Idee von den »Zeitinseln der Ungestörtheit« oder, wenn Sie so wollen, von den »Inseln der Konzentration«. Ob Sie davon tatsächlich auch drei Stunden am Tag realisieren können, ist nicht das Entscheidende. Eine Stunde täglich kann auch schon viel bewirken. Und wenn Sie die Erfahrung machen, wie viel effektiver Sie dabei sind und gleichzeitig wie wohltuend und erfüllend ungestörtes Arbeiten sein kann, dann werden Sie vermutlich kreative Wege finden, diese Inseln auszubauen und auf diese Weise dem Meer der Unterbrechungen und Störungen Land abzugewinnen!

Schaffen Sie Zeitinseln der Ungestörtheit

Hierzu meint der Münchner Psychologe Karl Pöppel: »Wenigstens eine Stunde am Tag muss jeder ›das machen, was er machen muss‹, ohne jegliche Ablenkung arbeiten. – Stellen Sie sich mal vor, wenn eine Firma oder sogar ein ganzes Land jeden Tag mal von elf bis zwölf Uhr nicht kommunizieren würde? Jeden Tag eine Stunde ohne Plingen und Klingeln. Dann hätten wir wahrscheinlich den größten Kreativitätsschub in diesem Land, den man sich überhaupt vorstellen kann.«[50] Völlig übertrieben? Vielleicht, aber möglicherweise eine inspirierende Vision, die einen motivieren kann, ab und zu abzuschalten und sich auszuklinken. In manchen Firmen gibt es bereits Verhaltensregeln, die festlegen, dass E-Mails nur einmal stündlich gelesen und beantwortet werden dürfen.[51]

Sabotage von innen

Wieso sollten wir uns bei der Arbeit selbst sabotieren? Es ist unklug, schädlich, kontraproduktiv – und doch tun wir es! »Das Gehirn kann sich wunderbar selbst ablenken«, schreibt Sigrid Neudecker.[52] Meist sind es emotional aufgeladene Signale, die aus dem Inneren auftauchen, das Geplapper unseres Geistes im ständigen Drunter und Drüber unseres Lebens: Gedanken an eine Niederlage oder einen kürzlich erlittenen Misserfolg, finanzielle Sorgen, Probleme in der Beziehung oder mit den Kindern, der Streit mit einem Kollegen, der bevorstehende Urlaub oder andere Tagträumereien. Solche Gedanken drängen sich leicht in den Vordergrund und gehen uns dann ständig durch den Kopf. So verdrängen Grübeln und Sorgen schnell die Beschäftigung mit unserer eigentlichen Aufgabe – und das war's dann mit der Konzentration!

Vor allem unerledigte Projekte gehören zu den gefährlichsten Störenfrieden. Denn Unerledigtes hat das Gehirn stärker im Griff als Abgeschlossenes. Der bekannte Cliffhanger-Effekt, den Fernsehserien nutzen, indem sie eine Folge mit einer ungelösten Situation beenden. So kehren unsere Gedanken immer wieder zu dieser Situation zurück – oder am Arbeitsplatz zu dem nicht beendeten Projekt.[53] Und ehe man sich's versieht, sind viele Minuten in dieser mentalen Endlosschleife unproduktiv auf der Strecke geblieben.

Grübeln, Sorgen, Tagträumen – die häufigsten Saboteure von innen

Konzentration erfordert die Fähigkeit, mit solchen (emotionalen) Ablenkungen umgehen zu können. Wir können nicht verhindern, dass sie auftauchen, aber wir können uns dazu entscheiden, uns zumindest jetzt nicht mit ihnen beschäftigen zu wollen.

Probate Mittel, um die inneren Stimmen zum Schweigen zu bringen, sind:

- Unerledigtes sofort aufschreiben (z.B. »Elektriker anrufen«): Der Trick dabei ist, dass es damit für das Gehirn vorübergehend bearbeitet wurde; es liegt sozusagen auf Wiedervorlage, und man kann zur gegenwärtigen Aufgabe zurückkehren.
- Die Arbeit kurz unterbrechen, um die Aufmerksamkeit aus dem Denken und Grübeln über Zukünftiges oder Vergangenes in die Wahrnehmung der Gegenwart zu lenken: Nehmen Sie sich ein paar Minuten, schließen Sie die Augen, gehen Sie mit der Aufmerksamkeit in Ihre Füße, spüren Sie den Boden darunter, dann wandern Sie langsam mit der Wahrnehmung durch den Körper bis in die Arme, achten Sie auf den Fluss Ihres Atems, dann öffnen Sie wieder die Augen, sehen Sie sich bewusst um, schauen Sie auf die Aufgabe vor Ihnen und fah-

ren Sie mit Ihrer Arbeit fort. Wann immer Sie merken, dass Sie wieder abschweifen, kehren Sie mit der Aufmerksamkeit in die Wahrnehmung Ihres Körpers und des Atems zurück. Es ist gleichzeitig eine Übung, die Ihre Konzentrationsfähigkeit trainiert (mehr dazu in Kapitel 6).

- Einfache Konzentrationsübungen absolvieren: Daniel Goleman beispielsweise empfiehlt, man solle bei 100 beginnend immer wieder 7 subtrahieren. Wenn man mit Aufmerksamkeit dabeibleibe, würden sich die inneren Störenfriede verkriechen.[54]

Was auch immer Sie tun: Lenken Sie Ihren Fokus um, so wie man ein Kind von traurigen Gedanken ablenkt, indem man ihm ein Spielzeug gibt, womit es sich beschäftigen kann. Auch hier gilt eben: Aus den Augen, aus dem Sinn!

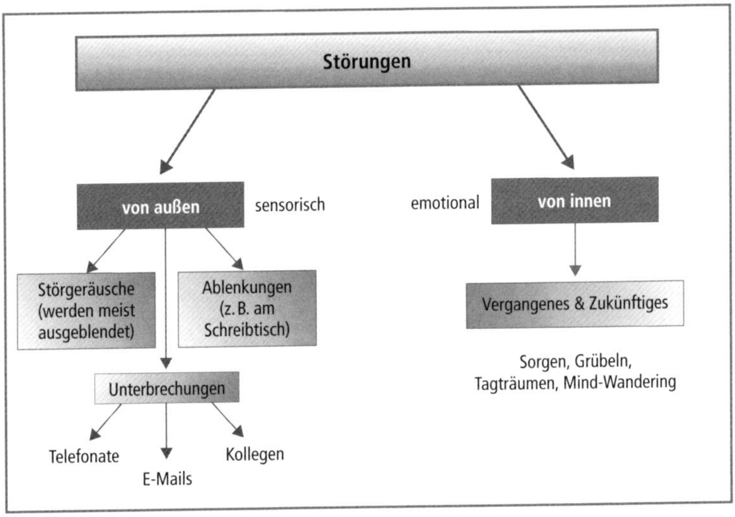

ZUSAMMENFASSUNG

1. Der wichtigste Punkt ist die Abschirmung von Störungen – von außen wie von innen.
2. Im Zustand der Konzentration werden viele Störungen ausgeblendet.
3. Schützen Sie sich vor Unterbrechungen: Handy aus! Keine E-Mails checken! Tür zu! Schaffen Sie Zeitinseln der Ungestörtheit!
4. Achten Sie auf innere Saboteure: Grübeln, Sorgen und Tagträumen – aufschreiben und später bearbeiten!

4. Konzentration im Stress

07.30 Uhr, Berufsverkehr, eine lang gezogene leichte Linkskurve auf einer Landstraße. Sie fahren vorschriftsgemäß mit knapp 100 km/h, als Ihnen ein Lkw entgegenkommt, der eine lange Pkw-Schlange hinter sich herzieht. Der Lkw ist langsam, die Schlange hinter ihm gezwungenermaßen auch. Einem Fahrer in der Schlange geht es nicht schnell genug. Er setzt zum Überholen an, fest darauf vertrauend, dass kein Fahrzeug entgegenkommt – und sein Vertrauen wird enttäuscht, denn dort, wo nichts sein sollte, fahren Sie gerade. Schlagartig erkennen Sie die Gefahr, bringen Ihr Fahrzeug an den äußersten rechten Fahrbahnrand, fangen den Wagen ab, der dabei leicht ins Schlingern gerät, warnen geistesgegenwärtig mit der Lichthupe den Lkw-Fahrer, der seinerseits nach rechts zieht. Der Überholer schlupft zwischen Ihnen und dem Lkw hindurch, die Außenspiegel berühren sich beinahe – das war knapp, aber die Sache ist gerade noch mal gut gegangen.

Erst jetzt merken Sie: Ihr Puls rast, Sie atmen schnell, der Schweiß steht Ihnen auf der Stirn, Sie zittern und brauchen ein paar Kilometer, bis Sie sich wieder einigermaßen gefangen haben. Der Schreck, sagen Sie sich, aber Ihre Reaktion war einwandfrei: in Sekundenbruchteilen den ausscherenden Wagen gesehen, blitzschnell ohne Nachzudenken die richtige Entscheidung getroffen, den Blick fokussiert, nichts anderes mehr wahrgenommen – mit einem Wort: hochkonzentriert!

Im größten Stress sind wir maximal konzentriert …

Und tatsächlich: In einer solchen Situation verdanken wir unser Leben der Fähigkeit, hochkonzentriert zu handeln. Dazu müssen wir nichts beitragen, das geht automatisch. In Gefahrensituationen, bei maximaler Anspannung oder – wie das heute wohl viele nennen würden – im größten Stress sind wir maximal konzentriert.

Adrenalin und seine Folgen

Aber woher kommt diese Konzentration? Um das besser zu verstehen, müssen wir uns erst einmal ansehen, was eigentlich in Stress- bzw. Gefahrensituationen im Körper abläuft.

1. Sämtliche Umweltreize (und hier geht es vor allem um die, die wir als gefährlich oder belastend empfinden) werden zunächst nicht vom Großhirn (das uns ja erst zu vernünftigen Lebewesen macht) rational verarbeitet, sondern emotional von unserem Zwischenhirn, dem Sitz für Gefühlsreaktionen. Hier wird über Kampf- oder Fluchtverhalten entschieden. Anstatt also zunächst einmal innezuhalten und die Situation zu analysieren, kommt sofort der Impuls zur Aktion. Wir handeln, ohne nachzudenken: instinktiv.

2. Im zweiten Schritt wird an das Stammhirn signalisiert: Gefahr! Und für dieses Signal hat das Stammhirn auch eine »standard operating procedure«: Es schüttet Adrenalin aus. Dieses Hormon soll uns in die Lage versetzen, uns zu verteidigen oder wegzulaufen. Es beschleunigt den Puls, sorgt für eine bessere Durchblutung der Muskeln und mobilisiert Zucker- und Fettreserven. Es macht uns schneller und reaktionsfreudiger.

... aber leider blockiert Stress auch unser Denkvermögen ...

3. Zu viel Adrenalin im System allerdings beeinträchtigt das Denken, und wenn eine bestimmte kritische Grenze überschritten ist, wird das Großhirn vollkommen blockiert. Also genau die Zentrale, die uns noch zu annähernd vernünftigen Reaktionen befähigen würde, wird ausgeschaltet und wir reagieren als kampfhormongesteuerter Neandertaler! Was bei Neandertalern oder auch heute noch in akuten Gefahrsituationen wie in unserem Beispiel durchaus sinnvoll erscheint – blitzschnelle Reaktion, höchste Konzentration –, kann allerdings im normalen Alltag negative Folgen haben.

Maximale Konzentration in Angriffs- oder Gefahrsituationen stellt entwicklungsgeschichtlich also einen Überlebensmechanismus dar. Die Verengung des Blickfeldes, die Fokussierung auf ein Ziel, die körperlichen Folgen der Adrenalinausschüttung sollten uns davor bewahren, bei einem steinzeitlichen Braunbärenangriff zu viel nachzudenken – besser sofort loslaufen oder den Bären mit dem Speer erlegen. Die Stressreaktion war (und ist) eine Art Lebensversicherung. Wir reagieren auf Reize von außen mit einem Alarmmechanismus.

Dieser Alarmmechanismus hat freilich heute etwas von seiner Bedeutung verloren, ja, er wendet sich zum Teil sogar gegen uns. Nach wie vor strömen Reize von außen auf uns ein (es werden sogar immer mehr), und der Körper reagiert darauf so, wie er es gewohnt ist: mit einer mehr oder minder starken Adrenalinausschüttung. Nur sind das heute zumeist keine lebensbedrohlichen Situationen mehr, mit denen wir konfrontiert sind, sondern es ist der »ganz normale Alltag«. Die Folgen allerdings sind gleich geblieben: Zu viel Adrenalin beeinträchtigt das Denken. Wir sind im Stress zwar konzentriert, aber dabei handelt es sich leider um eine sehr begrenzte Form der Konzentration. Sie stellt eine bloße Reaktion auf eine Gefahr dar, ihr Ziel ist das nackte Überleben. Denken ist dabei eher hinderlich, mehr noch: Die Adrenalinausschüttung blockiert unsere Denkprozesse sogar. Denn übersteigt der Adrenalinspiegel eine bestimmte Schwelle, dann behindert er – bildlich gesprochen – den Gedankenfluss zwischen den Synapsen in unserem Gehirn.

... und verhindert daher auf Dauer Konzentration

Wie ein Duschkopf, der nach und nach verkalkt und immer weniger Wasser hindurchlässt, bis schließlich nur noch ein ärmliches Rinnsal auf uns tropft. Das, was dann noch zwischen den Synapsen hin- und hergeschickt wird, reicht nicht mehr aus, um einen klaren Denkprozess in Gang zu halten. Es fällt uns schwer, bei einer Sache zu bleiben, eine Arbeit zu Ende zu bringen, Abstand zu gewinnen, Lösungen zu suchen. Unser Gehirn versucht, sich die erschwerte

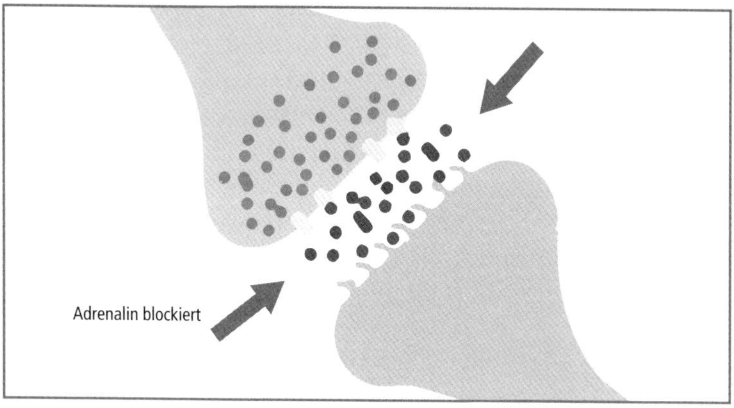

Denkarbeit leichter zu machen. Es sucht stattdessen andere, leichtere Aufgaben für uns. Das ist aber das genaue Gegenteil von Konzentration.

Anders gewendet: Es gibt im Stress zwar Konzentration – aber es ist leider nicht diejenige, die wir für konzentrierte Arbeit benötigen.

Wie geht es Ihnen, wenn Sie im Stress sind? Können Sie sich dann noch gut konzentrieren?

Auf falscher Wellenlänge

Ein weiterer Aspekt wirkt sich bei Stress negativ auf unsere Konzentrationsfähigkeit aus: Unser Gehirn arbeitet – stark vereinfacht dargestellt – mit verschiedenen Frequenzen. Im Tiefschlaf bewegt sich die Frequenz im Gehirn zwischen 0,5 und 3 Hertz, bei Tiefenentspannung zwischen 3,5 und 7 Hertz. Wenn wir ausgeruht und entspannt sind, liegt dieser Wert zwischen 8 und 14 Hertz – das wäre der optimale Bereich für Konzentration. Im normalen Alltag dagegen überwiegen die sogenannten Beta-Frequenzen im Bereich von 15 bis 45 Hertz. In der Regel herrschen im Gehirn 20 bis 22 Hertz. Je stressiger allerdings unsere Arbeit ist, je mehr wir gefordert werden, umso höher wird die Frequenz. Das Unerfreuliche dabei ist nun: Je höher die Frequenz, desto schlechter wird auch unsere Arbeits- und Konzentrationsfähigkeit.

Frequenzen der Gehirnwellen

Beta β	15–45 Hertz	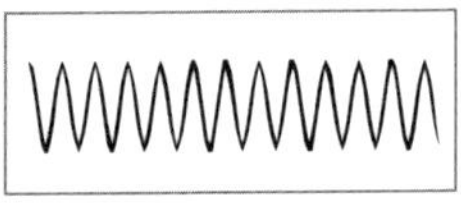	wach (erregt) · im normalen Alltag ca. 20–21 Hertz · in Stresssituationen auch erheblich höhere Frequenzen
Alpha α	8–14 Hertz	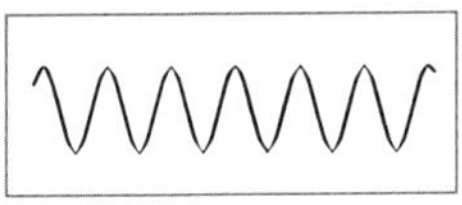	entspannt-wach ideal für Informationsaufnahme und kreative Tätigkeiten
Theta θ	3,5–7 Hertz	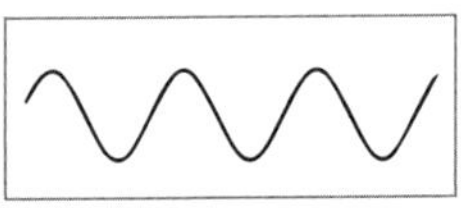	Schlaf/Tiefenentspannung
Delta δ	unter 3 Hertz	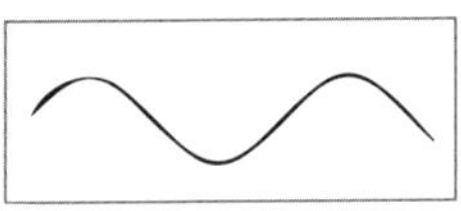	Tiefschlaf/Bewusstlosigkeit

Stress mindern – Konzentration stärken

Stress und Konzentration vertragen sich also nicht. Optimal und konzentrationsfördernd wäre es daher, sämtliche Stressoren (das sind die Dinge in unserem Leben, die uns Stress bereiten) einfach auszuschalten. Das mag in manchen Angelegenheiten gelingen. Wer beispielsweise dazu neigt, durch Zeitdruck in Stress zu geraten, kann Pufferzeiten einbauen und Aufgaben rechtzeitig angehen. Wer im Berufsleben auf Schwierigkeiten stößt, kann sich gegebenenfalls Hilfe organisieren. Aber auch wenn einzelne Stressoren sich auf diese Weise ausschalten oder zumindest abschwächen lassen – es bleiben genügend übrig, auf die wir keinen Einfluss haben. Konzentrationsförderndes Stressmanagement setzt deshalb vor allem an drei Punkten an:

1. Adrenalin abbauen

Regelmäßige Bewegung fördert dauerhaft die Konzentrationsfähigkeit

Schädlich für die Konzentration ist das stressbedingt ausgeschüttete Adrenalin, das die Denkprozesse beeinträchtigt. Es geht also eigentlich nur darum, den Adrenalinspiegel zu senken. Dafür bietet sich Sport oder überhaupt jede andere Form körperlicher Bewegung an. Adrenalin ist ein Kampf- oder Fluchthormon, es soll in Gefahrensituationen zusätzliche Kräfte freisetzen. Es ist daher sinnvoll, diese aufgestaute Energie abzuleiten und dadurch den Adrenalinspiegel wieder zu senken. Beim Joggen, im Fitnessclub, beim Tennis oder bei jeder anderen Sportart »verbraten« Sie Stresshormone und sorgen dafür, dass der Stresspegel sinkt. Das ändert noch nichts an der Existenz der Stressoren, kuriert also nicht die Ursachen, kann aber immerhin die Symptome lindern und so dafür sorgen, dass Sie wieder mehr Überblick haben und klarer und konzentrierter denken können. Diese Methode hat den Vorteil, dass sie leicht umsetzbar ist und Sie nebenbei auch noch etwas für Ihre Gesundheit tun. Regelmäßig angewendet, können Sie damit den Grundpegel der Stresshormone niedrig halten, vorübergehenden Stresssituationen besser entgegentreten und damit dauerhaft die Konzentrationsfähigkeit stärken.

2. Alpha-Ströme erzeugen

Im Stress arbeitet das Gehirn auf konzentrationsfeindlichen Frequenzen. Natürlich wird bereits der Abbau des Stresshormons Adrenalin eine Beruhigung bewirken und das Gehirn in einen anderen Modus bringen. Konzentrationsfördernde Alpha-Wellen lassen sich aber auch künstlich schnell erzeugen. Da das Gehirn auf Reize von außen mit der Kreation bestimmter Wellenmuster reagiert, können Sie durch entsprechende Musikstücke Alpha-Frequenzen im Gehirn erzeugen. Die nachfolgend aufgeführten Stücke eignen sich nachweislich besonders gut zur Erzeugung von Alpha-Wellen im Gehirn, ein Zustand, in dem Sie besonders entspannt, aufnahme- und konzentrationsfähig sind. Sollte klassische Musik nicht so Ihre Sache sein, dann können Sie auf eine Vielzahl speziell komponierter Entspannungsmusik zurückgreifen.

Auswahl besonders geeigneter Musikstücke zur Erzeugung von Alpha-Wellen

1. **Johann Sebastian Bach:**
   Aria zu den Goldberg-Variationen oder die Orchestersuite Nr. 3 in D-Dur (Air)
2. **Georg Friedrich Händel:**
   Largo aus Konzert Nr. 3 in D-Dur (Feuerwerksmusik)
3. **Antonio Vivaldi:** Largo aus »Winter« – Die vier Jahreszeiten
4. **Michael Ramjoué:** Desert Dream
5. **Sandelan:** Silence

Und letztlich alle Largos und Adagios der Barockzeit und viele aus der neueren Musikliteratur. Lassen Sie sich hierzu von einem Musikfachmann beraten.

Sollten Sie feststellen, dass Ihnen diese Art von Entspannungsmusik liegt, können Sie ab und an während des Arbeitens darauf zurückgreifen, die Lautstärke knapp über die Wahrnehmungsgrenze justieren und so von einer permanenten Alphawellen-Induktion profitieren (vorausgesetzt, Ihre Arbeitssituation lässt dies zu). Man spricht dabei auch von einer Art »Klangteppich« im Hintergrund. Sie werden möglicherweise feststellen, dass Sie wesentlich konzentrierter und effizienter arbeiten können. Probieren Sie einfach mal aus, ob Ihnen diese Konzentrationstechnik liegt.

3. Entspannung in einer Minute

Zum Schluss noch eine Methode, die meist Verblüffung hervorruft, wenn ich sie in meinen Seminaren vorstelle. Sie ist so einfach und ungewöhnlich, dass man sie zunächst gar nicht mit dem Thema Konzentration in Verbindung bringt. Aber es ist wie häufig bei den ganz einfachen Dingen: Sie wirken. Um was es sich dabei handelt? Lächeln Sie! Was steckt dahinter?

Immer wenn Sie lachen oder lächeln, wird durch die Aktivierung der Lachmuskeln dem Gehirn signalisiert, dass es Ihnen gut geht, und Ihr Körper produziert Endorphine. Je mehr solcher Endorphine (die auch gerne als »Glückshormone« bezeichnet werden) Sie im Körper haben, desto besser fühlen Sie sich. Ein schöner hormoneller Nebeneffekt dieses Wohlgefühls: Im Körper vorhandenes Adrenalin wird nach und nach abgebaut und schließlich sogar neutralisiert.

Dabei ist es völlig egal, ob Ihnen tatsächlich zum Lächeln zumute ist oder ob Sie nur simulieren. Das Gehirn fällt auch auf »künstliches« Lächeln herein. Eine Minute Lächeln genügt, um Ihre Gemütslage entschieden zu verbessern. Wenn Sie gerade nicht allein sind und die Befürchtung haben, man werde Ihre Grimasse möglicherweise falsch interpretieren, so ziehen Sie sich eben kurz zurück, notfalls auf ein »gewisses Örtchen«. Nach einer Minute wird es Ihnen wesentlich besser gehen und – noch wichtiger: Ihr Gehirn kann wieder besser und konzentrierter arbeiten, weil es vom blockierenden Adrenalin befreit wurde. Lächeln fördert also die Konzentration – wir sollten alle viel öfter davon Gebrauch machen ☺!

STOP

Probieren Sie das doch gleich mal aus. Nehmen Sie sich eine Minute, stellen Sie sich am besten vor einen Spiegel und »zwingen« Sie sich zu einem Lächeln … und das halten Sie bitte 60 Sekunden lang durch. Auch wenn es verkrampft erscheinen mag: Achten Sie darauf, wie Sie sich hinterher fühlen.

ZUSAMMENFASSUNG

1. Stress erzeugt Adrenalin – zu viel Adrenalin beeinträchtigt das Denkvermögen und verhindert konzentriertes Tun.
2. Je größer der Stress, desto schneller die Gehirnfrequenz und umso schlechter unsere Konzentrationsfähigkeit.
3. Bewegung baut Adrenalin ab und fördert dauerhaft die Konzentrationsfähigkeit.
4. Geeignete Musikstücke erzeugen im Gehirn α-Frequenzen (zwischen 7 und 14 Hertz) und steigern Kreativität und Konzentration.
5. Eine Minute (auch künstliches) Lächeln erzeugt so viele Endorphine, dass Adrenalin neutralisiert wird und Entspannung eintritt.

5. Durchhalten und dranbleiben

Was Sie bisher wissen: (1) Konzentration stellt sich meist nicht von allein ein, aber (2) wir können Konzentration erzeugen bzw. zumindest Bedingungen schaffen, die konzentrationsfördernd sind. Die Kunst besteht nun darin, (3) diesen Zustand der Konzentration nicht nur hin und wieder zu erzeugen, sondern ihn zu einem dauernden Begleiter zu machen – besonders im Job, aber auch für andere Aufgaben im privaten Bereich. Denn nur dann werden die vielen positiven Wirkungen der Konzentration auch wirklich voll zur Entfaltung kommen.

Von bekannten Sterneköchen hört man immer mal wieder die Aussage: Den ersten Stern zu erlangen, ist eine große Aufgabe – ihn länger zu halten, eine noch viel größere. Denn einmalig eine große Leistung zu zeigen, ist anstrengend und herausfordernd, aber für viele Köche möglich. Das hohe Niveau jedoch dauerhaft zu halten – das ist die eigentliche Leistung.

Was im Leben zählt, ist: Dranbleiben!

Mit der Konzentration verhält es sich nicht so viel anders: Je häufiger wir konzentriert einer Tätigkeit nachgehen, desto leichter wird unser Gehirn in diesen Zustand kommen, desto einfacher wird es, für längere Zeit konzentriert an einer Tätigkeit dranzubleiben. Denn darum geht es letztlich: »Was im Leben zählt, ist Dranbleiben.«[55] Dieser griffige Satz stammt von dem Nobelpreisträger James Heckman, einem Wirtschaftswissenschaftler, der seit vielen Jahren vor allem bei Schülern und jungen Erwachsenen untersucht, welche Faktoren erfolgsbestimmend für unser Leben sind. Er meint, dass dabei nicht nur Intelligenz und Wissen entscheidend sind (auch wenn beide Faktoren natürlich nicht schaden), sondern dass es vor allem darum geht, an einer Sache dranzubleiben, sich von Rückschlägen nicht entmutigen zu lassen, sondern Ausdauer zu zeigen, wo andere aufgeben.

Marshmallows und Karotten

Heckmans Thesen sind freilich nicht ganz neu. In den 1970er-Jahren lud der Psychologe Walter Mischel eine ganz besondere Gruppe von Versuchspersonen an die Stanford University ein: vierjährige Kinder. Das Experiment ist unter dem Begriff »Marshmallow-Test« in die Wissenschaftsgeschichte eingegangen – und nach wie vor hochaktuell. Der »Versuchsaufbau« war denkbar einfach: Mehr als ein Kind und zwei Marshmallows brauchte es dazu nicht. Mischel zeigte dem Kind ein Marshmallow und stellte zwei Alternativen zur Auswahl:

- Variante 1: Den Marshmallow nehmen, aufessen ... und: Ende des Versuchs.
- Variante 2: Den Marshmallow erst mal nicht antasten, sondern warten, bis der Versuchsleiter »von einer kurzen Besorgung« zurückkomme (was ca. 15 Minuten dauern werde) – und wenn der Marshmallow dann noch da ist, gibt es zur Belohnung einen zweiten.

Konzentration kommt nicht von alleine – man muss sich überwinden

Die Kinder kamen nacheinander an die Reihe. Es gab in dem Raum, in dem das Kind warten sollte, keine Ablenkungsmöglichkeit, kein Spielzeug, keinen Fernseher, nur einen Tisch, einen Stuhl, ein Kind und ein Marshmallow. Ein gutes Drittel der Kinder gab diesem einzigen Reiz daher auch sofort nach und aß den Marshmallow auf; ein weiteres Drittel wartete mehr oder weniger lange – und griff dann nach der Süßigkeit. Immerhin ein Drittel aber hielt die ganzen 15 Minuten durch. Und genau dieses Drittel war es, das Mischel besonders interessierte. Denn die Frage war ja: Wie stellen es diese Kinder an, einer so großen Versuchung so lange zu widerstehen? Er leitete schließlich folgende Erkenntnis aus der Beobachtung vieler Kinder ab: Es ist eine Frage der Willenskraft. Es geht darum, den Fokus ganz bewusst auf etwas zu richten und dann auch dranzubleiben. Bei den Kindern, die die ganzen 15 Minuten durchhielten, bestand der Trick darin, dass sie ihre Aufmerksamkeit bewusst vom Marshmallow abzogen, ihn trotz der Leere des Raums gewissermaßen aus den Augen verloren. Diese Kinder lenkten sich ab, indem sie z. B. anfingen zu singen oder sich die Augen zuhielten. Und da sie die Fähigkeit hatten, diese Strategien längere Zeit durchzuhalten, kamen sie letztlich zum Ziel: dem zweiten Marshmallow.

Nun geht es im Leben erwachsener Menschen meist nicht um Süßigkeiten – aber der Mechanismus, der bei den Vierjährigen entscheidend war, spielt auch für uns und unsere Fähigkeit zur Konzentration eine wichtige Rolle: Wir müssen uns – zumal am Anfang – zur Konzentration zwingen, indem wir unsere Aufmerksamkeit ganz bewusst auf eine Sache lenken. Das erfordert in den meisten Fällen Überwindung.

Wie ist das bei Ihnen? Was sind Ihre Marshmallows?

Nun funktioniert die Sache mit dem Überwinden und Dranbleiben ja häufig ganz gut, wenn wir die Aussicht auf ein schnelles, positives Ergebnis haben. Wenn die Belohnung schon am Horizont winkt, können wir auch mal eine kleine Durststrecke überwinden. Und so ist es kaum verwunderlich, dass der Mechanismus der (mehr oder minder schnellen) Belohnung eine der am häufigsten angewandten

Techniken ist, um sich selbst und andere davon zu »überzeugen«, an einer Sache dranzubleiben. Natürlich kann Motivation mittels Belohnungen, Prämien, Tantiemen, Beförderung, Lob, Anerkennung, Schmeichel- und Streicheleinheiten eine Zeit lang funktionieren. Das Problem dieser Methode wird allerdings auch sehr schnell deutlich: Es ist die Menge der Belohnungseinheiten.

Der bekannte US-amerikanische Motivationspsychologe Frederick Herzberg hat dieses Dilemma in dem nach ihm benannten »Herzberg-Modell« beschrieben – mithilfe des sympathischen Bildes eines Esels. »Wie bringen Sie einen Esel zum Laufen?«, das war die Ausgangsfrage. Und eine der möglichen Methoden ist eben: ihm eine Belohnung in Aussicht zu stellen. In diesem Fall war es die Karotte, die dem Tier vor die Nase gehalten wurde. Der Esel setzt sich in Bewegung, läuft ein Stück – und muss die Karotte dann auch bald zum Fressen bekommen, um nicht allzu frustriert zu werden. Um den Esel weiter in Bewegung zu halten, wird eine neue Karotte benötigt und so weiter. Wir stehen also auch vor einem ökonomischen Problem: Motivation zum Laufen ist nur so lange da, wie auch genügend Karotten vorhanden sind.

Motivation mittels Belohnungen oder Druck ist nicht von Dauer

Leider ist der Mensch nicht ganz so einfach gestrickt wie ein Esel (auch wenn das sehr kluge Tiere sind): Er gibt sich nicht dauerhaft mit Karotten zufrieden. Um den Menschen mittels Belohnungen zum Durchhalten zu bewegen, muss *immer wieder* und vor allem: immer wieder *mehr* nachgelegt werden. Denn wir gewöhnen uns sehr schnell an das Erreichte, und diese Gewöhnung steht der Motivationskraft der Belohnungen entgegen. Diese Methode ist also nicht nur von begrenzter Haltbarkeit, sondern auf Dauer auch ganz schön teuer.

Noch mal zurück zu unserem Esel: Es gibt noch eine weitere Methode, ihn zum Laufen zu bringen, und auch die findet sich bei Herzberg: der Tritt in den Hintern (im Original: the »kick in the ass«, abgekürzt K.I.T.A.). Übertragen auf die Motivationspsychologie des Menschen steht diese Methode für Druck, Drohungen, Strafen, Sanktionen, Anbrüllen, Vorhaltungen, Schlechtes-Gewissen-Bereiten usw. Ganz ähnlich wie die Karottenmethode wird auch diese Technik häufig eingesetzt, und sie funktioniert sogar bis zu einem gewissen Grad. Aber sie krankt letztlich an derselben Stelle: Die antreibende Wirkung hält nur so lange an, wie auch der Druck anhält. Lässt er nach, sinkt die Motivation.

Für die Fähigkeit zur Konzentration hat die Motivationsmethode »Druck« aber noch einen weiteren ganz entscheidenden Nachteil: Zwar kann ein gewisses Maß an Druck, ein fester Abgabetermin zum Beispiel, erforderlich und auch hilfreich sein, um überhaupt erst mal an eine Aufgabe dranzugehen. Der Schuss kann jedoch nach hinten losgehen, wenn der Druck zu stark wird. Wer versucht, sich selbst oder andere mit Druck oder gar der Androhung von Sanktionen zum Durchhalten zu bewegen, aktiviert damit im Gehirn die Gebiete, die Ängste und mentale Konflikte erzeugen.[56] Als Folge davon wird unser Aufmerksamkeitszentrum, der präfrontale Kortex, in seiner Tätigkeit gehemmt. Das Gehirn gerät damit in einen Betriebsmodus, in dem es uns sehr schwerfällt, bei einer Sache zu bleiben. Ängste begünstigen die Bereitschaft zum »inneren Abschweifen« – genau dies sollte jedoch vermieden werden. Wer also unter zu großem Druck arbeitet, gerät in Stress, Stress erzeugt Adrenalin, und in diesem Zustand sucht unser Gehirn nach Auswegen aus der Krise, statt bei der Sache zu bleiben, die es als Ursache der Stresssituation identifiziert (vgl. dazu Kapitel 4). Konzentration allein durch Druck zu erzeugen ist daher der sichere Weg in die Unkonzentriertheit!

Wie ist es bei Ihnen? Wie motivieren Sie sich – was hilft Ihnen, besser dranzubleiben?

- ❑ Druck zu .... %
- ❑ Belohnung zu ....%

Flow und Dopamin

Was also treibt uns an? Wie gelingt es uns, an einer Sache dauerhaft dranzubleiben und damit in den Zustand eines »konzentrierten Schaffensrausches« zu kommen?

Es gibt Berufsgruppen, in denen dieser Zustand höchster und dauerhafter Konzentration gewissermaßen Grundvoraussetzung gelungener Arbeit ist. Chirurgen gehören zu dieser Spezies. Schon die typischen Vorbereitungshandlungen – OP-Kittel überstreifen, Hände waschen und desinfizieren, Haube und Mundschutz überziehen – sind allesamt Tätigkeiten, die gewissermaßen einen ritualisierten Rückzug aus der Alltagswelt darstellen: das schrittweise Eintauchen in eine Welt ohne Störungen und Ablenkungen. Betritt ein Chirurg schließlich den OP-Saal, dann verengt sich sein Blick auf ein überschaubares ausgeleuchtetes Feld, der Rest ist abgedeckt, nichts lenkt ab vom Wesentlichen – dem Patienten und der Aufgabe, die er sozusagen dem Chirurgen stellt. Der Arzt hat in der folgenden Zeit kaum die Möglichkeit, zu essen oder zu trinken, E-Mails und Kollegentalk müssen warten, mal eben Theaterkarten für kommende Woche bestellen oder den nächsten Kurztrip planen geht auch nicht. Und aller Wahrscheinlichkeit nach wird unser Chirurg auch nicht einen einzigen Gedanken an all diese Dinge verschwenden, denn seine eigentliche Tätigkeit nimmt ihn vollkommen in Beschlag. Er gerät in einen Zustand, den Motivationspsychologen als Schaffensrausch oder »Flow« bezeichnen.

Wie geraten wir in einen Schaffensrausch?

Aber was genau macht diesen Schaffensrausch, diesen Flow aus? Der US-amerikanische Professor Mihály Csíkszentmihályi hat sich mit dieser Frage intensiv beschäftigt und erforscht, unter welchen Bedingungen es möglich ist, eine Aufgabe so hochkonzentriert und motiviert zu bewältigen, wie es zum Beispiel Chirurgen tun. In der Hauptsache hängt dieser Zustand von zwei Faktoren ab:

- zum einen von der Herausforderung, der wir uns gegenübersehen,
- und zum anderen von unseren eigenen Fähigkeiten.

Entscheidend ist dabei das Verhältnis dieser zwei Faktoren zueinander. Denkbar sind drei Szenarien:

1. Es kann sein, dass unsere Fähigkeiten an sich sehr hoch sind, die konkrete Aufgabe aber nur sehr geringe Anforderungen an uns stellt.
   Das ist die typische Situation, in der Langeweile entsteht, und diese Langeweile ist Gift für jedwede Art konzentrierter Tätigkeit. Denn im Zustand der Langeweile sucht unser Gehirn neue, interessantere Reize – es beginnt, die Umgebung zu scannen, und prüft permanent, ob nicht irgendwo eine reizvollere Aufgabe auf uns wartet. Die Folge: Wir surfen im Internet, ergehen uns in Tagträumereien, erledigen zeitintensive Dinge von geringer Relevanz und werden anfällig für Störungen und Ablenkungen. Kurz: Wir sind beschäftigt, aber keinesfalls konzentriert. Am Ende eines solchen Tages sind wir vielleicht sogar müde und erledigt. Nicht so sehr vom Nichtstun, schon eher von der Art, wie wir uns beschäftigt haben: zerfasert, von einem Reiz zum nächsten springend, zappend, multitaskend etc.

2. Möglich ist aber auch das genaue Gegenteil: Die Herausforderung ist groß, unsere Fähigkeiten sind im Verhältnis dazu aber nicht ausreichend.
   Dann entsteht Stress, Adrenalin wird ausgeschüttet, und auch das ist – wie in Kapitel 4 schon beschrieben – überhaupt nicht gut für die Konzentration. Unser Gehirn wird versuchen, der Herausforderung auszuweichen. Die Energie, die es dafür benötigt, steht für die Konzentration auf unsere eigentliche Aufgabe, der wir uns nicht gewachsen sehen, nicht mehr zur Verfügung.

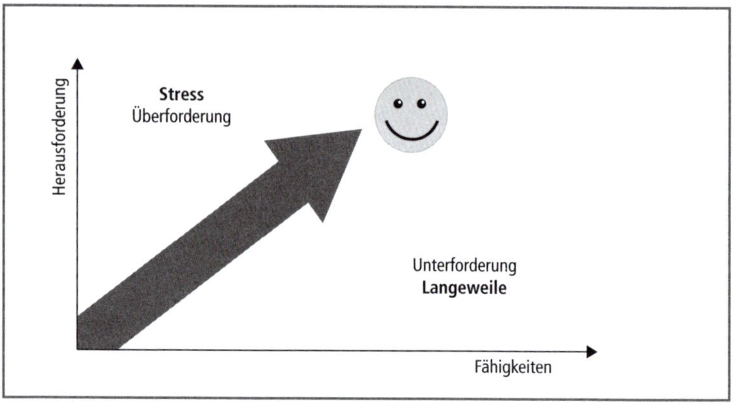

Herausforderung < Fähigkeit: Unterforderung und Langeweile
Herausforderung > Fähigkeit: Überforderung und Stress

Als Zwischenergebnis steht daher zunächst fest: Ist die Aufgabe, der wir uns gegenübersehen, zu leicht im Verhältnis zu unseren Fähigkeiten, dann langweilen wir uns und sind unkonzentriert. Ist die Aufgabe hingegen zu schwer, dann geraten wir in Stress und sind ebenfalls unkonzentriert.

3. Aber es gibt ja noch eine weitere denkbare Konstellation: Und die tritt dann ein, wenn Herausforderung und individuelle Fähigkeiten zusammenpassen wie Schlüssel und Schloss. Das ist der Idealfall. Ihre Aufgabe fordert Sie zwar heraus, vielleicht sogar bis zum Äußersten. Aber Sie haben jederzeit das sichere Gefühl, dass Sie sie schaffen können. Dann entsteht der Zustand eines konzentrierten Schaffensrausches wie bei unserem Chirurgen oder bei einem Musiker, der an der Grenze seiner Fertigkeiten spielt, aber das Stück und seine Interpretation jederzeit voll im Griff hat. Die Arbeit fließt dann wie von allein, Sie kommen zwar an Ihre Grenzen, werden aller-

dings zu keiner Zeit überfordert. Ablenkungen und Störungen haben keine Chance; sie prallen einfach an Ihnen ab. Ein Zustand, der bei jeder Tätigkeit erreicht werden kann, wirklich bei jeder, egal ob es sich um herausfordernde berufliche Arbeiten handelt, um ein interessantes Hobby oder auch nur um eine einfache Routinetätigkeit, der man auf den ersten Blick vielleicht überhaupt nichts abgewinnen kann.

Nun bedeutet das Wissen um die Voraussetzungen eines solchen Schaffensrausches allein natürlich noch nicht, dass wir mehrmals täglich automatisch einen solchen erleben werden. Die Idealkonstellation, in der der Flow sich einstellt, die ideale Mischung aus Herausforderung und Fähigkeit, diese Konstellation erleben an einem typischen Arbeitstag, der eben auch viel von Routine und Standardaufgaben geprägt ist, gerade mal ein Fünftel der berufstätigen Menschen.[57] Keine so berauschende Zahl. Häufig wird vorgeschlagen, man müsse sich dann eben eine neue Herausforderung suchen. Dieser gut gemeinte Ratschlag ist freilich für viele mit einem Jobwechsel verbunden, und dieser Schritt ist ja häufig nicht ganz so unproblematisch – für die meisten von uns also wahrscheinlich keine praktikable Lösung.

Aber das ist kein Grund, aufzugeben. Das Interessante am Zusammenspiel von Flow und Konzentration ist, dass beide in einem wechselseitigen Spannungsverhältnis stehen. Der Weg führt nicht nur vom Flow zur Konzentration – der Mechanismus funktioniert auch umgekehrt: Widmen wir uns einer klar umrissenen Aufgabe und richten dabei unsere volle Aufmerksamkeit auf diese eine Sache, ohne Ablenkungen und Störungen, dann wird sich mit hoher Wahrscheinlichkeit auch der Zustand des Flow einstellen. »Scharfe Konzentration setzt den Schaffensrausch in Gang«, schreibt Goleman[58], denn das Gehirn wird durch Konzentration in einen Zustand versetzt, in dem alle Areale optimal zusammenarbeiten. Die relevanten, für die konkrete Aufgabe erforderlichen Bereiche werden optimal genutzt, andere, die nicht erforderlich sind und gegebenenfalls für Ablenkungen verantwortlich wären, werden ruhiggestellt.

Wann erleben Sie Flow? Bei der Arbeit oder Ihrem Hobby?

____

____

____

Eine entscheidende Rolle spielt in diesem Zusammenhang auch unser körpereigenes »Belohnungssystem«, das uns vor allem mit dem Botenstoff Dopamin unterstützt. Dopamin ist eine vom Körper hergestellte Substanz, die als sogenannter Neurotransmitter dafür zuständig ist, dass Informationen von einer Nervenzelle zur nächsten gelangen.

Wenn wir uns gezielt und konzentriert einer Aufgabe widmen, dann kommt es – so vermuten zumindest viele Wissenschaftler – zu einer vermehrten Dopaminausschüttung. Dieser Vorgang bewirkt, dass das Gehirn besser als sonst in der Lage ist, Wichtiges von Unwichtigem zu unterscheiden. Wir denken schneller, sind kreativer als sonst, die Arbeit geht uns einfach leichter von der Hand. Die Folge dieser einfachsten Form von Gehirndoping lässt nicht lange auf sich warten: Die Arbeit, die uns leichtfällt, gelingt uns auch, wir haben Erfolg damit, was wiederum gute Gefühle in uns auslöst, und diese ermutigen uns, weiterzumachen und durchzuhalten. Es gilt also: Konzentration bewirkt Dopaminausschüttung, Dopamin treibt Motivation und Beharrlichkeit an und hilft uns dadurch wiederum, konzentriert bei einer Sache zu bleiben.

Auf diese Weise arbeitet das Gehirn in einem für die augenblicklichen Anforderungen optimalen Zustand, und die Wahrscheinlichkeit ist sehr hoch, dass wir – im Rahmen unserer Möglichkeiten – Bestleistungen erbringen.[59] Dabei kommt es im Übrigen weniger auf die Art der Aufgabe an. Auch an sich langweilige Routinetätigkeiten können im konzentrierten Zustand schnell, bestmöglich und vor allem mit einem hohen Maß an Zufriedenheit gelöst werden.

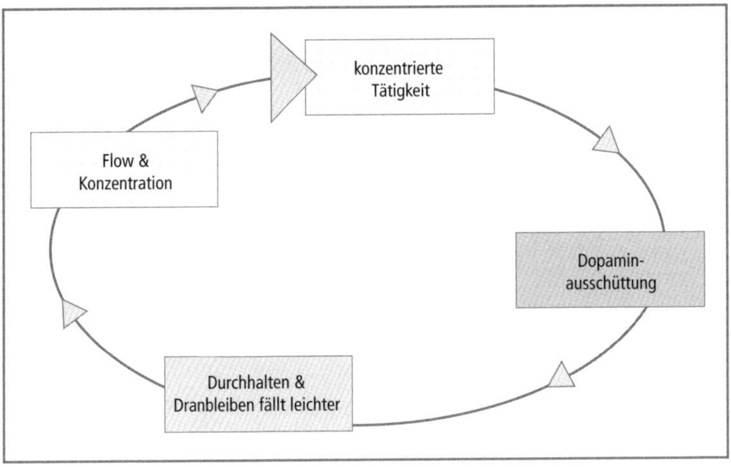

Die unterschätzte Leistungskurve

Konzentration ermüdet. Wer nicht regeneriert, riskiert mentalen Muskelkater

Haben Sie diese Beobachtung auch schon mal gemacht: Sie arbeiten sehr lange und sehr aufmerksam an einer dringend erforderlichen Aufstellung, an einem interessanten Projekt, vielleicht an einem Text für Ihre nächste Präsentation oder einem Angebot für einen Kunden? Beinahe zwei Stunden lang sind Sie hochkonzentriert bei der Sache, ohne jede Pause und Unterbrechungen. Und als Sie schließlich die Akten oder den Laptop zuklappen und vom Schreibtisch aufstehen, spüren Sie schlagartig jeden Knochen, sind völlig platt und kaum noch in der Lage, einen klaren Gedanken zu fassen. Ja, konzentriertes Arbeiten, Lesen, Üben ist anstrengend, all das ermüdet.[60] Schließlich geht es nicht nur darum, die Aufmerksamkeit auf eine Sache zu richten. Gleichzeitig müssen wir auch noch eine Vielzahl anderer Reize ausblenden. Auch das erfordert Energie. Daniel Goleman vergleicht die Konzentration mit einem Muskel, der ermüdet, wenn man ihn zu sehr in Anspruch nimmt.[61] Zunächst schmerzt er, bei zu viel Belastung können jedoch auch Fasern reißen. Die Anzeichen mentaler Erschöpfung sind nicht weniger auffällig als die einer Überbeanspruchung unserer Muskulatur: Wir leisten nach und nach immer weniger und werden in zunehmenden Maße anfällig für Ablenkungen, Störungen und Reize aller Art, allesamt Faktoren, die Konzentration letztlich zerstören.

Und jetzt kommt das Tückische an der Sache. Erinnern Sie sich noch an das Experiment mit dem Frosch in der Pfanne aus Kapitel 1? Genau wie dieser Frosch verfallen wir zumeist nicht schlagartig in den Zustand mentaler Erschöpfung (also in den Topf mit heißem Wasser). Es ist vielmehr ein schleichender Prozess: Wissenschaftliche Untersuchungen haben ergeben, dass Konzentration und Arbeitseffizienz innerhalb von fünfzig Minuten entschieden abnehmen. Würde man Sie bei der Arbeit an ein EEG-Messgerät anschließen und auf diese Weise Ihre Gehirnströme aufzeichnen, so könnten Sie das rasante Absinken Ihrer Leistungsfähigkeit am Monitor mitverfolgen.

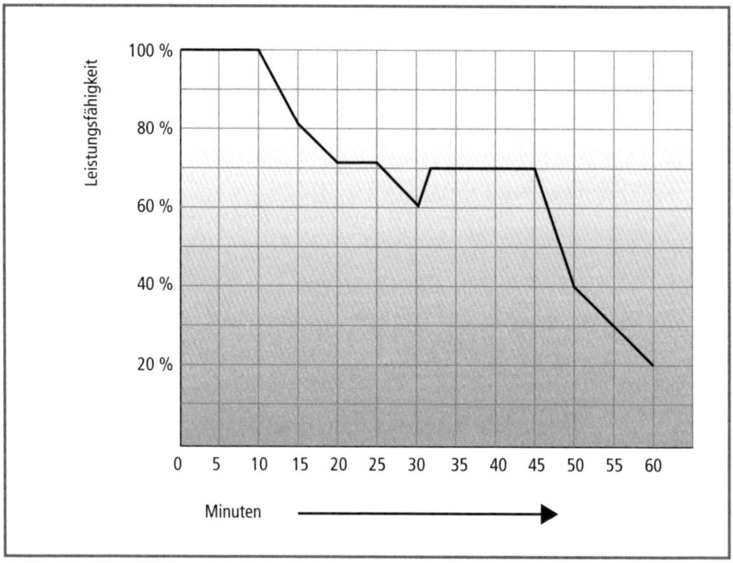

Über mehrere Stunden konzentriert durchzuarbeiten ist also nahezu unmöglich. Und dennoch ist es das, was häufig praktiziert wird: Durcharbeiten ohne Pause. Das Tückische dabei ist nun, dass das Nachlassen der Leistungsfähigkeit in kleinen Schritten erfolgt, ähnlich dem langsamen Temperaturanstieg bei unserem Frosch, und wir daher in der Regel gar nicht merken, *dass* und in *welchem Maße* unsere Konzentrationsfähigkeit nachlässt und unsere mentale Energie nur noch einen Bruchteil der anfänglichen Leistungsfähigkeit beträgt. Wir werden nach und nach immer ineffizienter, müssen uns dadurch umso mehr anstrengen, benötigen noch mehr Zeit, gönnen uns deshalb umso weniger Pausen, nur, um dann noch ineffizienter zu arbeiten: ein Teufelskreis.

Wie oft machen Sie während Ihrer Arbeit Pausen? Und wie lange?

Der Ausweg aus dem oben beschriebenen Teufelskreis? Wissen, *wann* sinnvollerweise eine Pause angebracht ist und *wie* wir uns in dieser Pause am schnellsten regenerieren können. Vor allem aber: Die Erkenntnis, dass wir schon lange vor den ersten Erschöpfungsanzeichen erheblich nachlassen und daher Pausen zu einem festen Bestandteil unseres Arbeitsrhythmus machen sollten.

Nun wissen wir in der Regel (zumindest wenn wir uns sportlich betätigen), wie ein überanstrengter Muskel regeneriert. Aber wie erholt sich der »mentale Muskel«?[62] Die einfache Antwort lautet: ausruhen. Und zwar am besten derart, dass wir unsere Aufmerksamkeit abziehen von dem, was uns gerade beschäftigt, und sie stattdessen auf alles richten, was sich gerade bietet.

Aber Vorsicht: Nicht alles, was als Reiz dient, eignet sich für eine nachhaltige Erholung. Internet und E-Mails lenken uns zwar ab, stellen aber in ihrer Reizfülle ihrerseits eine Anstrengung dar. Wesentlich besser ist eine Tätigkeit, die einfach zu bewältigende Ablenkungen bietet – ein Spaziergang ist ideal. So könnten Sie es sich beispielsweise zur Gewohnheit machen, regelmäßig nach 45 bis 50 Minuten konzentrierter Arbeit einmal kurz um den Block zu laufen, möglichst flott, fast wie Walking oder sachtes Jogging. Dies ist viel belebender, als in der Küche bei schlechter Luft den fünften Kaffee des Tages zu trinken. Natürlich können Sie eine Walkingpause auch mittags einschieben; schon zehn Minuten an der frischen Luft bringen viel.

Auch der mentale Muskel braucht Ruhe

Wenn Sie den Effekt solcher kurzer Regenerationspausen noch verstärken wollen, dann suchen Sie wenn möglich einen nahe gelegenen Park oder zumindest eine Umgebung auf, die möglichst viel Grün bietet. Der Hintergrund auch hier: Ein Stadtspaziergang ist für den Geist wesentlich weniger erholsam als eine kurze Pause in der Natur. Die Stadtkulisse bietet viele Ablenkungen, fordert mit ihren zahllosen Reizen (Verkehr, Lärm, Werbung) aber auch viel Aufmerksamkeit von uns. Ein kleiner Park hingegen, vielleicht auch nur eine grüne Oase in einem Innenhof, wirken wesentlich erholsamer und bieten mit ihren sanften Reizen – Äste oder Grashalme, die sich im Wind wiegen, vielleicht ein Wasserspiel etc. – genau die Art von Ablenkungen, die wieder neue Energie für konzentrierte Arbeit schafft. Für den Erholungseffekt kann sogar schon die bloße Vorstellung von der Natur ausreichen: So ist es zum Beispiel erholsamer, neben einem Landschaftsgemälde zu sitzen als in einem Bistro an einer belebten Straße.[63] Dies soll kein Plädoyer für die Wiedereinführung der in den 1970er-Jahren so beliebten Panoramatapete sein, aber auch solche Aspekte können für die Gestaltung von Pausenräumen, Kantinen und Cafeterien wichtig sein.

Inneres Rauschen abschalten

Ein Problem löst diese Art der Entspannung freilich nicht: In der Erholungsphase bekommt unser Gehirn auch wieder Gelegenheit, zu solchen Dingen zurückzufinden, die in Momenten konzentrierter Arbeit ausgeblendet wurden – ungelöste Probleme, unbezahlte Rechnungen oder der Streit mit dem Partner am Morgen. Lauter kleine Störfaktoren für eine effektive Erholungspause. Ausweichen können wir dieser Problematik nur, indem wir genauso agieren wie auch sonst bei der Schaffung einer konzentrierten Atmosphäre: Wir müssen diese inneren Störfaktoren aussperren, uns also auf die Entspannung konzentrieren.[64] Das mag zunächst wie ein Widerspruch in sich klingen, denn es scheint, als ob der Entspannungseffekt durch den Energieaufwand, den wir für die Konzentration darauf benötigen, wieder zunichte gemacht würde. Aber dem ist nicht so. Der Schlüssel liegt in der Art der Entspannungstätigkeit.

Ideal sind solche Tätigkeiten, in denen wir ganz und gar aufgehen können, ohne uns zu sehr anzustrengen. Entspannungs- und Meditationstechniken stellen dafür die ideale Grundlage dar (siehe Kapitel 6). Gemeinsam ist ihnen, dass die Aufmerksamkeit gelenkt wird – auf ein bestimmtes Körpergefühl oder den Atem – und so keine Möglichkeit hat, umherzuschweifen. Gleichzeitig stellt die Entspannungs- oder Meditationstechnik als solche keine große geistige Anstrengung dar, sodass der geistige Regenerationsprozess nicht beeinträchtigt wird.

Geistige Regeneration kann aber auch ganz anders aussehen. Als ich vor einiger Zeit im Büro eines Geschäftspartners einen Besprechungstermin wahrnahm, fiel mir ein etwas ungewöhnliches »Büromöbel« auf: ein elektrisches Klavier. Da man das in Büros ja nicht jeden Tag sieht, wollte ich natürlich wissen, was es damit auf sich hat. Das sei sein »Erholungsinstrument«, meinte der Kollege. Er sei kein sehr ambitionierter Spieler, aber mehrmals am Tag setze er sich für ein paar Minuten dran, spiele (mit Kopfhörer natürlich, um andere nicht zu stören) ein oder zwei Stücke und könne danach wieder wesentlich entspannter und konzentrierter seine Arbeit fortsetzen. Der Mechanismus, der dahintersteckt, ist klar: Die Aufmerksamkeit wird von der Arbeit weg auf das Klavierspiel gerichtet, und da dies für den Kollegen keine Anstrengung bedeutet, sondern nur eine gleichsam »entspannte Art der Konzentration« erfordert, kann er dabei optimal regenerieren und seine Konzentrationsfähigkeit wieder herstellen.

Nun hat nicht jeder die Möglichkeit, ein Klavier im Büro aufzustellen, und manch anderes Musikinstrument eignet sich nicht für die Bürowelt, aber es gibt eine ganze Reihe von einfach anzuwendenden Entspannungstechniken, die für die geistige Regeneration gut geeignet sind. Details und Anleitungen dazu finden Sie in Kapitel 6.

Vom Nutzen der Zerstreuung

Zerstreuung zerstreut – nämlich die Aufmerksamkeit. Wollen wir uns auf eine Aufgabe konzentrieren, ist das an sich der falsche Weg. Aber dieser Umstand bedeutet nicht zwangsläufig, dass der zerstreute Zustand ein schlechter oder minderwertiger Zustand ist. Im Gegenteil: Zerstreuung kann für kreative Prozesse sogar sehr hilfreich sein.

Von dem Mathematiker Carl Friedrich Gauß (1777–1855) zum Beispiel wird berichtet, dass ihm Lösungen für seine mathematischen Probleme oftmals in Momenten einfielen, in denen er sich mit ganz anderen, weniger hochtrabenden Dingen beschäftigte, fast »wie ein plötzlicher Lichtblitz«[65]. Und der Kryptograph Peter Schweitzer (Kryptographen beschäftigen sich mit Verschlüsselungsmethoden) fand neue Codes und Verschlüsselungsmechanismen am ehesten dann, wenn es von außen betrachtet am wenigsten danach aussah: auf langen Spaziergängen oder auf einer Liege, die Sonne genießend – also sicher nicht ganz frei von Ablenkungen.[66]

Das entspricht zwar möglicherweise nicht den hergebrachten Vorstellungen von konzentrierter wissenschaftlicher Arbeit im Studierzimmer, und doch kann es für bestimmte Arten von Aufgaben sehr hilfreich sein, den Geist frei und unkonzentriert herumstreifen zu lassen. Anscheinend sind wir in diesem Zustand eher in der Lage, kreative Prozesse in Gang zu setzen und Lösungen für schwierige Aufgaben zu finden.

Kann der Geist frei herumwandern, wird er kreativ

Eine Personengruppe, die unter diesem Phänomen eines ständig und übermäßig umherschweifenden, suchenden Geistes leidet, sind Menschen mit Aufmerksamkeitsdefizitsyndrom (ADS). Ihnen fällt es schwer, länger bei einer Sache zu bleiben. Stellt man aber die kreative Leistungsfähigkeit von Menschen mit ADS einer Vergleichsgruppe von Menschen ohne ADS gegenüber, dann schneiden die Versuchspersonen, die unter ADS leiden, besser ab – sie kommen im Durchschnitt auf originellere Lösungen für die gestellten Probleme. Misst man in diesen Versuchen die Gehirnströme, so zeigt sich bei den Menschen mit ADS eine erhöhte Aktivität in den Arealen, die für die Wanderungen des Geistes zuständig sind. Diese erhöhte Aktivität lässt sich jeweils kurz vor der kreativen Erkenntnis feststellen, sie scheint die Kreativität zu begünstigen. Menschen mit ADS mögen sich also schwertun, länger bei einer Sache zu bleiben, sie schweifen oft ab, aber genau dieser Aspekt wirkt sich günstig auf ihre Kreativität aus.

Bei der Messung der Hirnströme konnten Wissenschaftler noch eine weitere Beobachtung machen, die einen Zusammenhang zwischen dem umherwandernden Geist und der Kreativität nahelegt: Häufig lassen sich unmittelbar vor einem kreativen Erkenntnisprozess Alpha-Wellen im Gehirn nachweisen, die den Zustand wacher, entspannter Aufmerksamkeit kennzeichnen[67], ein Zustand, in dem sich auch gut tagträumen lässt, in dem wir frei assoziieren, ohne uns allzu sehr auf *eine* Sache oder Lösung festzulegen.

Der frei herumstreifende Geist kann uns also dabei helfen, kreative Prozesse in Gang zu setzen. Er kann auf diese Weise Lösungen für Probleme finden und gibt uns Gelegenheit zur Selbstreflexion. Wir können mit seiner Hilfe Szenarien für die Zukunft durchspielen oder auch Vergangenes besser einordnen. Nicht zuletzt sind solche Phasen »kreativer Zerstreutheit« auch wieder Erholungspausen, in denen wir unserem Gehirn die Gelegenheit geben, wieder Kraft zu sammeln für die Konzentration im klassischen Sinne, die sich auf eine konkrete Aufgabe richtet.

Den Geist wandern lassen

Manchmal bitte ich die Teilnehmer in meinen Vorträgen und Seminaren, ein Blatt Papier zu nehmen und darauf neun Punkte zu zeichnen, und zwar so, dass ein Quadrat entsteht. Im Idealfall sieht das dann so aus:

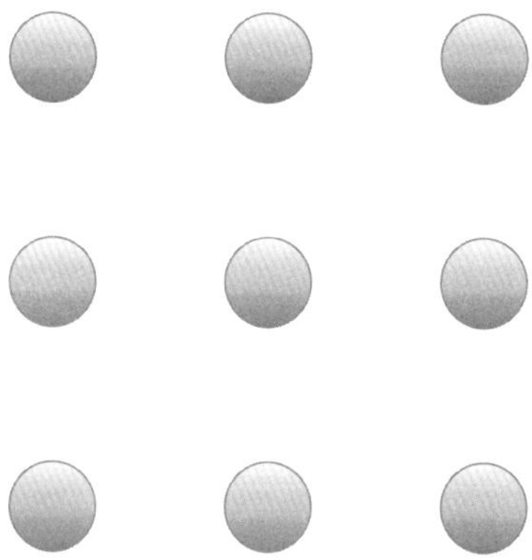

Dann stelle ich eine an sich einfache Aufgabe: Die Zuhörer sollen diese neun Punkte mit insgesamt vier geraden Strichen verbinden, alle Punkte sollen davon erfasst werden – und sie dürfen dabei den Stift nicht absetzen. Vielleicht kennen Sie diese Aufgabe schon, vielleicht haben Sie auch beim Durchblättern dieses Buches die Lösung schon entdeckt. Falls beides nicht der Fall ist: Versuchen Sie doch jetzt mal, dieses kleine Rätsel zu lösen: Nehmen Sie einen Stift und verbinden Sie die neun Punkte mit vier geraden Strichen. Und bitte daran denken: Keinen Punkt auslassen – und den Stift bitte nicht absetzen.

Und? Erfolg gehabt, Lösung gefunden? Die Lösung finden Sie auf Seite 158. Vergleichen Sie bitte mal kurz Ihre Lösung mit unserer: Wenn Sie die richtige Lösung gefunden haben – Gratulation! Falls nicht: Kein Grund, zu resignieren, Sie befinden sich in guter Gesellschaft. Der Großteil meiner Zuhörer und Seminarteilnehmer kommt in der zur Verfügung gestellten Zeit (meist zwei bis drei Minuten) nicht auf den richtigen Lösungsweg. Manchmal staune ich über das Maß an Kreativität, das sich dabei offenbart, und häufig wird irgendein Punkt ausgelassen oder der Stift hat sich halt doch an einer Stelle ganz von selbst und ohne Zutun des Zeichners vom Papier gelöst ...

Diese kleine Übung ist im Grunde eine nette Spielerei, die aber einen wichtigen Kern in sich trägt. Das heißt, eigentlich nicht in sich, sondern außerhalb. Schauen Sie sich bitte die Lösung auf Seite 158 noch einmal an. Es geht mir nicht so sehr um die vier Linien, auch nicht darum, alle neun Punkte miteinander zu verbinden. Relevant ist das, was entsteht: die beiden Dreiecke (die in der Lösung schraffiert sind). Sie liegen außerhalb des eigentlichen Quadrates, und genau darum ging es ja auch bei der Lösung dieses Rätsel. Es ist unlösbar, wenn man (was übrigens die meisten tun) die Lösung innerhalb des Quadrates sucht. Eine Lösung eröffnet sich nur dem, der bereit ist, die neun Punkte, das Quadrat, zu verlassen, herauszugehen aus dem gewohnten Umfeld und den eingeübten Bahnen und dort nach einer Lösung zu suchen. Manchmal wird mir das im Anschluss an diese Übung übrigens vorgehalten: Ja, dann – darauf hätte ich aber hinweisen müssen! Aber das ist natürlich der Clou an der Sache: Die Lösung liegt außerhalb, und um darauf zu kommen, muss man etwas beiseitetreten und die Aufgabe gewissermaßen von außen betrachten.

Kreativität braucht Zeit-Räume

Und genauso verhält es sich auch mit dem Wechselspiel aus Konzentration und kreativer Zerstreuung. Konzentration ist gut, hilfreich und wichtig, um eine gesetzte Aufgabe zu lösen, um Arbeit wegzuschaffen, um effizient zu sein. Aber manchmal ist es erforderlich, den konzentrierten Rahmen – die neun Punkte – zu verlassen, einen anderen Standpunkt einzunehmen, der Kreativität Raum zu geben, um auf neue Ideen und Lösungen zu kommen. Diese dann umzusetzen, erfordert wiederum klassische konzentrierte Arbeit, aber der Weg dorthin ist manchmal in den beiden außenliegenden Dreiecken leichter zu finden als im Raster der neun Punkte.

Nehmen Sie sich deshalb immer wieder Zeiträume, in denen Sie Ihren Geist frei umherwandern lassen. Unverplante Zeit, die Sie in der Natur, bei einem Spaziergang, auf einer Liege in der Sonne, in der Badewanne oder an irgendeinem anderen schönen, ruhigen, erholsamen Ort verbringen. Und da sich solche Zeiträume meist nicht von selbst einstellen, ist es wichtig, dass Sie diese einplanen. Das ist kein Paradoxon: Es handelt sich zwar um unverplante Zeit, für die Sie sich nichts vornehmen, aber auch diese Zeit will in Zeiten voller Terminkalender und ständiger Erreichbarkeit eingeplant sein. Je eher Sie diese Zeiten eintragen und dann auch wirklich freihalten, desto mehr werden Sie von diesen kreativen Freiräumen profitieren.

ZUSAMMENFASSUNG

1. Motivation durch Druck (K.I.T.A) oder Belohnung (Karotte) wirkt, allerdings meist nicht auf Dauer.
2. Bei Überforderung entsteht Stress, bei Unterforderung Langeweile.
3. Flow und Konzentration entstehen, wenn wir im Rahmen unserer Fähigkeiten angemessen gefordert sind.
4. Wenn das Gehirn einer Aufgabe nachgeht, die es fordert, ohne es zu überfordern, erzeugt es Dopamin – das wiederum fördert die Bewältigung der Aufgabe –, verbunden mit einem Wohlgefühl.
5. Kopfarbeiter brauchen spätestens nach 50 bis 60 Minuten zehn Minuten Pause! Nutzen Sie die Zeit, um abzuschalten und zu entspannen.
6. Bisweilen ist aber auch Zerstreuung nützlich. Kreativität erfordert, den Geist frei wandern zu lassen.

6. Übung macht den Meister

Zehntausend Stunden müsse man üben, um in einem bestimmten Bereich zum Meister zu werden. So weit die Ergebnisse der Forschungsarbeiten des amerikanischen Psychologen Karl Anders Ericsson. Er hatte beispielsweise festgestellt, dass die besten Violinisten der führenden Musikhochschulen mindestens 10000 Stunden auf ihrem Instrument geübt hatten, während andere mit einer wesentlich geringeren Stundenzahl in der Regel im wahrsten Sinne des Wortes nur die zweite Geige spielten.[68] Seitdem hat sich diese 10000-Stunden-Regel als Credo für Spitzenleistungen weltweit verbreitet. Und für das Erreichen von Spitzenleistungen mag das auch gelten. Was Ihre Konzentrationsfähigkeit betrifft, so gilt: Auch diese ist trainierbar – und Sie brauchen dafür keine 10000 Stunden.

Konzentrationsfähigkeit lässt sich wie ein Muskel trainieren

Das wusste man schon vor über zweihundert Jahren zur Zeit der Aufklärung. So betonte unter anderen der berühmte Pädagoge Johann Heinrich Pestalozzi, die willkürliche Aufmerksamkeit durch Übung zu trainieren, sei »unzweideutig das Wesentliche aller Erziehungszwecke«[69]. Heute wird dies durch die Erkenntnisse der modernen Kognitionsforschung bestätigt. Aus den Laboren der Neurowissenschaftler kommt die gute Nachricht: Konzentrationsfähigkeit könne man wie einen geistigen Muskel stärken und trainieren. Wer sich oft konzentriert, wird auf Dauer bei seinen Leistungen besser und effektiver – und das auch noch im Alter.

Eine der interessantesten neuen Studien stammt von Adam Gazzaley von der University of San Francisco. Eine Gruppe von über 80-jährigen Versuchspersonen sollte in einem Videospiel Auto fahren und dabei bestimmte Verkehrszeichen identifizieren, andere jedoch ignorieren. Nach einigen Runden verbesserte sich die Aufmerksamkeit der betagten Probanden – und zwar so sehr, dass sie sogar besser waren als 20-Jährige, die nicht geübt hatten. Gleichzeitig verbesserten sich ihre Erinnerungswerte. Das bestätigte die Annahme, dass Übung und Training die kognitive Kontrolle verbessern. Daniel Goleman ergänzt: »Volle Konzentration steigert offenbar die Verarbeitungsgeschwindigkeit des Gehirns, stärkt die Synapsenverknüpfungen und erweitert oder schafft neuronale Netze für das, was wir üben.«[70] Der Kontrolleur des Gehirns, der präfrontale Kortex, wird aktiviert und gestärkt. Also, auf ins mentale Fitnessstudio: Stärken Sie Ihre Konzentrationsfähigkeit!

Und keine Sorge: So wie es in einem guten Fitnessstudio die unterschiedlichsten Geräte gibt, so haben auch Sie eine große Auswahl an Möglichkeiten. Die drei besten Trainingsarten sind:

- Meditation
- Achtsamkeitstraining
- konzentriertes Tun (= Tätigkeiten mit voller Aufmerksamkeit ausüben)

Falls Sie schon regelmäßig meditieren oder Achtsamkeitsübungen praktizieren, können Sie die folgenden Ausführungen auch überspringen. Oder aber Sie schauen, ob Sie nicht doch noch ergänzende Anregungen bekommen. Jedenfalls ist es empfehlenswert, den Abschnitt über konzentriertes Tun (»Der Schlüssel des Zen«) zu lesen.

Meditation: Wozu? Und wie?

Zu den intensivsten Methoden, um die Konzentrationsfähigkeit zu steigern, gehören nahezu sämtliche Meditationstechniken. Zahlreiche Studien haben mittlerweile bestätigt, dass meditationserfahrene Menschen ihre Konzentration eindeutig besser steuern können als unerfahrene. Bei Hirnscans konnte man sehen, wie bei Meditierenden in erster Linie der präfrontale Gehirnlappen des Kortex aktiviert wurde – die Steuerungszentrale unserer Aufmerksamkeit. Abgesehen von den sonstigen Vorteilen der Meditation für unsere seelische Verfassung und innere Stabilität ist die Stärkung der Konzentrationsfähigkeit eine der wichtigsten positiven Wirkungen. Und dabei ist es gar nicht entscheidend, welche Meditation Sie wählen: ob Yoga, Zen-Meditation, Vipassana oder einfach nur eine Atemmeditation, bei der Sie aufrecht sitzend den Fluss Ihrer Atmung beobachten und jedes Mal, wenn Sie merken, dass Sie abschweifen, einfach mit Ihrer Aufmerksamkeit zur Atmung zurückkehren. Maßgeblich ist nur, dass Sie in Ruhe verweilen, während Ihre Aufmerksamkeit sich auf den Gegenstand der Meditation richtet, sei dies nun ein Bild, ein Satz, ein sogenanntes Mantra, die Empfindungen im Körper oder eben der Atem.

Meditation =
Sitzen – Atmen – Beobachten

Auch wenn es weltweit verschiedenste Meditationsformen gibt, so sind doch ihre Auswirkungen auf Körper und Psyche im Großen und Ganzen ähnlich und mittlerweile mehrfach wissenschaftlich belegt. Zahlreiche Experimente an großen amerikanischen Universitätskliniken haben mittels EEG-Messungen und Hirntomografen-Bilder während der Meditation Folgendes festgestellt:

- Während der Geist wach und bewusst bleibt, erfährt der Körper einen Zustand tiefer Ruhe.
- Die Muskeln lockern sich, Pulsfrequenz und Blutdruck sinken, der Sauerstoffverbrauch nimmt ab und der ganze Körper entspannt.

- Die chaotisch wechselnden Beta-Frequenzen der Gehirnwellen des Wachzustandes werden durch klare, einfache Alpha- und Theta-Frequenzen ersetzt, die sich über das gesamte Gehirn ausbreiten (zu den Gehirnwellen vgl. Kapitel 4).
- Die rechte und linke Hemisphäre des Gehirns werden synchronisiert.
- Die Wirkung der Stresshormone wird schon bei Anfängern abgeschwächt, bei fortgeschrittenen Meditierenden sogar vollständig abgebaut.
- Hierdurch wird bei regelmäßiger Meditation auch das Immunsystem gestärkt. Ebenso erhöhte sich bei regelmäßig Meditierenden die Zahl der Antikörper im Blut um bis zu 25 Prozent.

Vor allem aber nimmt die Aktivität des Präfrontallappens zu, nämlich der Hirnregion, die für die Steuerung der Aufmerksamkeit zuständig ist. Und dadurch wird, wie schon gesagt, die Konzentrationsfähigkeit gesteigert.

Meditation bewirkt nicht nur Ruhe und Entspannung – sie steigert auch die Konzentrationsfähigkeit

Und wie meditiert man?

Die weltweite Vernetzung der Kulturen und die Verbreitung der Religionen verschaffen uns die verschiedensten Anleitungen, wie man am besten meditieren soll. Das Angebot an Büchern, Kursen und Seminaren dazu ist unüberschaubar. Immer wieder stellen sich Menschen die Frage, welche denn die »richtige« Meditationsform sei. Die Antwort ist im Prinzip ganz einfach: diejenige, die Ihnen persönlich am meisten liegt, mit der Sie am besten und am leichtesten zurechtkommen und zu sich finden können. Ihre eigenen Erfahrungen werden Ihnen also die Antwort geben, und es ist durchaus möglich, dass Sie im Laufe der Zeit eine übernommene Meditationsform verändern oder eine neue als bereichernder erfahren werden. Oft ist es hilfreich, anfangs eine Meditation unter fachlicher und seriöser Anleitung in einem Kurs zu lernen, unterstützt durch die Gemeinsamkeit mit anderen. Sie können aber auch für sich allein beginnen, indem Sie beispielsweise die notwendigen Informationen einem entsprechenden Buch entnehmen oder sich CDs bzw. DVDs mit Anleitungen hierzu besorgen (auch das Internet bietet natürlich eine Vielzahl von Informationsmöglichkeiten).

Im Wesentlichen werden Sie immer wieder auf folgende drei Faktoren stoßen:

1. Wichtig ist die *aufrechte Haltung der Wirbelsäule*. Diese fällt am leichtesten, wenn Sie auf einem Stuhl mit gerader Lehne aufrecht sitzen, Ihre Beine parallel halten, mit den Fußsohlen am Boden (nicht unter den Stuhl gezogen), und die Hände auf den Stuhllehnen, auf Ihren Knien oder locker im Schoß ruhen lassen. Manche ziehen es vor, auf dem Boden zu sitzen, im Schneidersitz auf einem Sitzkissen (damit die Wirbelsäule gerade bleibt) oder auch im Lotussitz, wie man ihn von Buddha-Statuen kennt. Doch diese Haltung ist am Anfang sehr gewöhnungsbedürftig, nach einer gewissen Meditationszeit oft auch schmerzlich, und für die Kniegelenke eine starke Belastung. Der Vorteil der Sitzposition auf einem Stuhl besteht unter anderem darin, dass Sie sie ohne große Vorbereitung überall (in Ihrem Büro, in der Bahn, am Flughafen oder auf einer Parkbank) und vor allem unbemerkt praktizieren können.

2. Schließen Sie einfach die Augen, und *atmen Sie ruhig und tief in Ihren Bauch*. Gemeint ist die volle Zwerchfellatmung, bei der sich auch Ihr Bauch leicht hebt und senkt, nicht die »flache« Brustatmung, zu der man meistens im hektischen Alltag neigt. Halten Sie nach dem langsamen Einatmen den Atem ein bis zwei Sekunden an, atmen Sie langsam wieder aus und machen Sie wieder eine kurze Atempause, bevor Sie erneut einatmen. Gerade diese kurzen Atempausen fördern das Innehalten und Zu-sich-Kommen. Es gibt sogar Meditationsexperten, die sagen, die Atempausen seien mit die wichtigsten Momente der Meditation.

3. An sich wär's das auch schon! Wären da nicht *die Gedanken*. Viele im Alltag verdrängte Sorgen, Ängste, Wünsche und Pläne melden sich nun zu Wort, wenn wir eigentlich endlich einmal nur Ruhe haben wollen. Und das Dilemma dabei ist: Je mehr wir dagegen ankämpfen und versuchen, die Gedanken und Stimmen in uns zum Schweigen zu bringen, desto schlimmer kann es werden. Im alten China gab es ein gutes Bild dafür: Die Gedanken sind Affen, die im Baum des Gehirns hin und her springen. Der Mensch versucht nun, einen nach dem anderen zu fassen und ihn auf die Erde zu werfen, bis der Baum frei ist. Doch alsbald werden die Affen den Baum von der anderen Seite her wieder besteigen und der Aufruhr kann dann sogar noch größer sein als am Anfang. Was tun? Zwei Dinge können Ihnen helfen, damit umzugehen:
   - Machen Sie sich damit keinen Stress! Es ist völlig normal, und jeder, der meditiert, macht diese Erfahrung mit den »Gedankenaffen«. Es entspricht der natürlichen Arbeitsweise unseres Gehirns, sofort nach einer Beschäftigung zu suchen, sobald mal nichts geschieht. Also erlauben Sie sich, diesen Vorgang zunächst einfach nur wahrzunehmen, aber verbieten Sie sich nicht zu denken (was sowieso nicht geht!). Seien Sie auch nicht frustriert oder ärgerlich darüber, dass Sie gedanklich abschweifen – dadurch wird es nur noch schlimmer. Wenn möglich, entspannen Sie dabei und nehmen Sie gelassen wahr, dass Sie mal wieder in Gedanken unterwegs sind.
   - Kehren Sie sodann mit Ihrer Aufmerksamkeit zu Ihrem Atem zurück! Das Atmen hat nämlich nicht nur eine beruhigende Funktion, sondern ist gleichzeitig ein geeignetes Mittel, um die Aufmerksamkeit zu binden. Beobachten Sie Ihren Atemfluss. Manchen Menschen hilft es, dabei leise mitzuzählen: beim ersten Ein- und Ausatmen »eins, eins, eins … – eins, eins, eins …«, beim nächsten Ein- und Ausatmen »zwei, zwei, zwei … – zwei, zwei, zwei …« und so weiter. Wenn Sie bei zehn angelangt sind, beginnen Sie wieder mit eins. Wenn Sie merken, dass Sie gedanklich abschweifen, fangen Sie wieder von vorne an.

Was das Training für den Fußballer, ist Meditation für den geistigen Arbeiter

Im Prinzip ist genau dieser Faktor der entscheidende für das Training der Konzentrationsfähigkeit: das bewusste Wahrnehmen der abschweifenden Gedanken und das bewusste Zurückkehren zum Gegenstand der Meditation (in diesem Fall den Fluss des Atems). Meditation ist insofern eines der wirksamsten Trainings zur Beherrschung der Aufmerksamkeit. Die Fähigkeit, im täglichen Leben wahrzunehmen, dass man nicht mehr »bei der Sache« ist, und mit seiner Aufmerksamkeit zur eigentlichen Aufgabe zurückzukehren, wächst, je besser man dies auch bei der Meditation beherrscht. Der Akt, den Geist »zurückzubiegen« (die eigentliche Bedeutung von »reflektieren«), stärkt den Präfrontallappen wie einen Muskel beim Körpertraining. Dadurch gewinnt man geistige Beweglichkeit und fördert die Konzentrationsfähigkeit.

Weitere Hilfen, vor allem in der Anfangsphase, können sein:

- Meditieren Sie möglichst immer zur gleichen Tageszeit. Das hilft Ihnen, in den Rhythmus zu gelangen.
- Meditieren Sie möglichst immer am gleichen Platz, auf einem besonderen Stuhl oder einem bestimmten Teppich. Das gibt Ihrem Geist einen »Ankerplatz«, um sich so leichter auf die Meditation einzustellen.
- Beenden Sie Ihre Meditation durch ein Signal, beispielsweise einen Wecker. Nach einer gewissen Zeit weiß Ihr Nervensystem allerdings sowieso, wann die Zeit vorbei ist. Optimal sind etwa zwanzig Minuten. Allerdings können es auch dreißig sein oder auch nur zehn. Es kommt auf Sie an: besser regelmäßig zehn Minuten als nur sporadisch zwanzig oder dreißig.

Attention, please!

Aufmerksamkeit sei ein Energieträger und die Fähigkeit, sie zu lenken, einer der maßgeblichen Faktoren für Erfolg im Leben, ebenso wichtig wie das Gehen- oder Sprechenlernen – sagte einmal der Philosoph Hermann Graf Keyserling. Und das kann man auch im Alltag ganz einfach trainieren, durch Wahrnehmen und Beobachten.

Das Denken beobachten

Die Fähigkeit, sich beim Denken selbst zu beobachten, wird von vielen Psychologen als eines der wichtigsten methodischen Werkzeuge zur Selbststeuerung angesehen. Nehmen Sie einfach immer wieder mal wahr, *dass* Sie gerade denken und *was* Sie denken und *wie* Sie Ihre Gedanken entwickeln beziehungsweise wie diese umherwandern oder gar abschweifen.

Identifikation verstärkt die Macht der Gedanken, Beobachten schwächt die Macht der Gedanken

Es ist schon viel, es einfach wahrzunehmen. Davon abgesehen, dass Sie gleichzeitig inneren Abstand zu Ihren Gedanken bekommen und diese Gedanken Sie nicht mehr so beherrschen können oder im Griff haben. Solange Sie (meist unbewusst) mit Ihren Gedanken identifiziert sind, haben diese Sie (auch emotional) im Griff. In dem Augenblick, in dem Sie Ihre Gedanken (wie von außen) beobachten können, verlieren diese auch ihre emotionale Macht über Sie.

Den Körper wahrnehmen

Nehmen Sie sich zwischendurch nur ein bis zwei Minuten Zeit und wandern Sie mit Ihrer Aufmerksamkeit durch Ihren Körper. Spüren Sie Ihren rechten Fuß, dann Ihre rechte Wade, das rechte Knie und so gehen Sie weiter mit Ihrer Wahrnehmung durch Oberschenkel und Hüfte, dann durch die rechte Hand, den Unterarm, Ellbogen, Oberarm und auf der linken Seite wieder hinab, bis Sie wieder bewusst spürend beim linken Fuß angekommen sind.

Sie können dann versuchen, Ihren ganzen Körper zu spüren, ebenso wie Ihren Atemfluss bewusst wahrzunehmen und auch bei ihm für ein bis zwei Minuten zu verweilen. Das ist gewissermaßen eine »Mini-Meditation« zwischendrin.

Für diese Übung lassen sich übrigens Wartezeiten gut nutzen. Gleichzeitig können Sie beobachten, welche Gefühle oder Körperspannungen während der Wartezeit in Ihnen auftauchen. Damit verwandeln Sie diese von einer ärgerlichen »Zeitverschwendung« in eine nützliche Gelegenheit zum Achtsamkeitstraining. Und ein Stau ist dann eben ein »Spontanes Training Anlässlich (einer) Unterbrechung«.

STAU = Spontanes Training Anlässlich Unterbrechung

Progressiv entspannen

Eine weitere Möglichkeit bietet die Übung der sogenannten »Progressiven Muskelentspannung«. Dabei können Sie sowohl mit ganzer Aufmerksamkeit dabei sein als auch gleichzeitig Ihren Körper entspannen. Es ist eine Technik, bei der nacheinander verschiedene Muskelgruppen des Körpers zunächst angespannt und nach einigen Sekunden wieder entspannt werden. Durch diesen Gegensatz zwischen Anspannung und Entspannung der Muskeln entsteht schnell ein körperliches Wohlbefinden. Und so geht's:

- Setzen Sie sich aufrecht auf einen Stuhl, strecken Sie das rechte Bein waagerecht nach vorn, ziehen Sie die Fußspitze Richtung

Körper und spannen Sie alle Muskeln des Beins so fest wie möglich an. Halten Sie die Spannung fünf bis sieben Sekunden und entspannen Sie anschließend 15 bis 20 Sekunden. Wiederholen, dann dasselbe zweimal mit dem linken Bein.

- Strecken Sie nun den rechten Arm waagerecht nach vorn, ballen Sie die Hand zur Faust, drücken Sie die Schulter nach vorn und spannen Sie den ganzen Arm an. Halten Sie wieder die Spannung für fünf bis sieben Sekunden, und entspannen Sie danach 15 bis 20 Sekunden. Wiederholen, dann dasselbe zweimal mit dem linken Arm.
- Zum Schluss den ganzen Körper anspannen, indem Sie beide Beine und Arme ausstrecken, die Schultern an die Ohren ziehen und eine feste Grimasse machen. Auch die Bauch- und Gesäßmuskeln anspannen. Spannung fünf bis sieben Sekunden halten, entspannen und gegebenenfalls wiederholen.

Bei all diesen Vorgängen gilt es, mit ganzer Aufmerksamkeit dabeizubleiben und jede Anspannung und Entspannung bewusst zu spüren.

Handlungen bewusst wahrnehmen

Versuchen Sie einmal, Ihre Handlungen und insbesondere Ihre Routinetätigkeiten, die Sie im Alltag meist unbewusst erledigen, wie Treppensteigen, Händewaschen, Haushaltsarbeit, bewusst wahrzunehmen. Ein Trick zur Steigerung der Bewusstheit ist dabei die *Verlangsamung*. Wenn es Ihnen Ihre Zeit erlaubt, dann verrichten Sie diese Tätigkeit einfach mal wie in Zeitlupe oder nur etwas langsamer als sonst. Sie können auch mal in Ihrem Büroraum (wenn Sie dort allein sind) aufstehen und ganz langsam um Ihren Schreibtisch herum- oder im Raum auf und ab gehen und dabei jeden Schritt wie in Zeitlupe aufsetzen und abrollen. Spüren Sie dabei ganz genau den Boden und Ihre Füße.

Im Hier und Jetzt sein

All diese Aufmerksamkeitsübungen haben gleichzeitig den Effekt, dass Sie mit Ihrem Bewusstsein in der Gegenwart, im Hier und Jetzt, ankommen (wenn auch nur für kurze Zeit). Meist sind wir im Alltag mit unseren Gedanken entweder mit Vergangenem oder Zukünftigem beschäftigt und nehmen selten bewusst den gegenwärtigen Augenblick wahr. Wenden wir hingegen unsere Aufmerksamkeit diesem jedoch bewusst zu und nehmen wahr, was wir gerade spüren oder tun, dann können wir nicht gleichzeitig über Zukünftiges oder Vergangenes grübeln, was für unser inneres Wohlbefinden sehr heilsam ist!

In seinem utopischen Roman *Eiland* schildert Aldous Huxley dressierte Papageien, die um die Menschen herumfliegen und immer wieder rufen: »Hier und jetzt, Guys, hier und jetzt!« Sie sollen die Bewohner der Insel ermahnen, von ihren Grübeleien oder Tagträumereien zu lassen und sich wieder auf das zu konzentrieren, was sich gerade an ihrem Ort ereignete. Ähnlich erging es mir vor einiger Zeit auf einem Meditationsseminar, bei dem wir unter anderem für zwei Stunden einer einfachen Gartenarbeit nachgehen sollten und alle zehn Minuten jemand vorbeikam und einen Gong ertönen ließ. Das war das Signal, innezuhalten und wahrzunehmen, wo man gerade mit seiner Aufmerksamkeit war: bei der Gartenarbeit oder bei irgendwelchen abschweifenden Gedanken? Dann ertönte der Gong wieder und wir setzten unsere Arbeit fort. Ein solcher Gong oder der Ruf eines Papageis wie bei Huxley könnte uns sicher auch ab und an im Alltag hilfreich sein, aber vielleicht gibt es dafür auch schon eine App!

Wo sind Sie jetzt gerade mit Ihren Gedanken? Können Sie diese beobachten?
Vielleicht gönnen Sie sich kurz zwei Minuten, um Ihren Körper wahrzunehmen und wie in der oben beschriebenen Anleitung mit der Aufmerksamkeit durch Ihren Körper zu wandern.

Der Schlüssel des Zen

Ein vielbeschäftigter und oft gestresster Manager wollte etwas für seine innere Stabilität tun und besuchte ein dreitägiges Meditationsseminar in einem Kloster. Als er nach Hause zurückkehrte, erzählte er seiner Frau begeistert von seiner neu erlernten Zen-Meditation und wollte sie überreden, auch damit anzufangen. Diese aber wollte zunächst einmal genau wissen, worum es sich dabei handelte. Beim Zen, erklärte er ihr, ginge es darum, ganz im Augenblick präsent zu sein, vollkommen eins mit dem, was man gerade tue, beispielsweise beim Sitzen mit der ganzen Aufmerksamkeit nur auf den eigenen Atem zu achten. Diese Form des Za-Zen könne man gewissermaßen als »Meditation im Sit-Zen« übersetzen. »Nun«, erwiderte seine Frau, »dann praktiziere ich schon seit vielen Jahren Zen – jeden Tag mit voller Konzentration beim Put-Zen!

Za-Zen Sit-Zen Put-Zen

Ja, in der Tat, die Frau hat vollkommen recht: Wenn sie mit all ihrer Aufmerksamkeit beim Putzen ist, dann ist es genau das, worum es geht – beim Zen wie auch beim Training der Konzentrationsfähigkeit: ganz bei einer Sache sein, mit aller Aufmerksamkeit, nur darum geht es! Und das können Sie üben und praktizieren bei allem, was Sie tun:

• beim Lesen	• beim Unterrichten
• beim Schreiben	• beim Fahrradfahren
• beim Arbeiten	• beim Diskutieren
• beim Fußballspielen	• beim Coachen/Therapieren
• beim Musizieren	• beim Schach- oder Kartenspiel
• beim Klettern	• beim Tanzen

• beim Computerspielen	• bei jedem Sport
• bei der Gartenarbeit	• beim Meditieren
• beim Kochen	• bei einfachen Alltagstätigkeiten
• beim Handwerken	• beim Schauspielen
• beim Malen	• und: beim Flirten ☺

Aus Neuseeland kommt die neue »Slow-Reading«-Bewegung. In einem Café treffen sich Menschen, um eine Stunde leises, langsames und ungestörtes Lesen zu genießen – in einer Zeitinsel der Konzentration – wie andere für eine Stunde Yoga zusammenkommen. Viele Teilnehmer berichten, dass dadurch ihre Konzentration steigt und alles beim Lesen schärfer, lebendiger und fesselnder werde.[71]

Entscheidend ist nicht, WAS Sie tun,
sondern WIE Sie es tun:
mit ganzer Aufmerksamkeit.

Insgesamt kann man sagen: Meistens sind unsere Gedanken getrieben wie in einem mentalen Hamsterrad, sie wandern umher, voller Sorgen, grübelnd oder zerstreut zwischen verschiedenen Aktivitäten – und meistens ist uns das gar nicht bewusst. Der Ausweg aus dem Hamsterrad ist aber möglich, vor allem durch Meditation, Aufmerksamkeitstraining und durch jegliche Art von bewusstem und konzentriertem Tun. Wie der Sportler seine Muskeln für den Wettkampf trainiert, so trainieren Sie damit Ihr Gehirn für Ihre geistige Arbeit – und werden dadurch gleichzeitig präsenter und erfüllter leben.

Achten Sie doch in der nächsten Zeit mal darauf, wie Sie sich fühlen, wenn Sie einen Abend oder auch nur eine Stunde lang gelesen, etwas aufgeräumt, in ein Gespräch vertieft – jedenfalls: ganz bei einer Sache waren. Und dann vergleichen Sie das mit den Gefühlen nach einem Abend im Internet, vor dem Fernseher (durch die Programme zappend), im Chatroom oder nach mehreren Telefonaten. Gibt es einen spürbaren Unterschied? Und welchen?

Praxistipps

1. Nehmen Sie sich pro Tag 10 bis 20 Minuten Zeit zum Meditieren oder einfach nur, um stillzusitzen und Ihren Atem zu beobachten.
2. Halten Sie immer wieder mal inne und nehmen Sie bewusst wahr, wie Sie Ihre Gedanken entwickeln, oder »wandern« Sie mit Ihrer Aufmerksamkeit durch den Körper.
3. Erledigen Sie hin und wieder einfache Alltagstätigkeiten ganz bewusst, möglicherweise auch künstlich verlangsamt »wie in Zeitlupe«.
4. Nutzen Sie Tätigkeiten, die von selbst Ihre volle Aufmerksamkeit erfordern, zum Beispiel:
   - Sportarten wie Bergsteigen, Segeln, Reiten oder Golfen
   - Spiele wie Schach, Kartenspiele, Fußball oder Tennis
   - künstlerisch-gestalterische Tätigkeiten wie Malen, Schreiben, Musizieren oder Tanzen
   - geistig anregende Tätigkeiten wie das Lesen eines Buches
   - handwerkliche Arbeiten wie Gartenarbeit, Kochen oder Aufräumen
   - und natürlich jede andere Art von konzentrierter Arbeit

ZUSAMMENFASSUNG

1. Konzentrationsfähigkeit lässt sich wie ein geistiger Muskel stärken und trainieren. So steigert man auf Dauer die eigene Leistungsfähigkeit.
2. Die drei besten Möglichkeiten, um den »Gehirnmuskel« zu trainieren, sind Meditation, Achtsamkeitstraining und konzentriertes Tun.
3. Meditation führt den Körper in Ruhe und Entspannung, erzeugt Alpha- und Thetafrequenzen, synchronisiert die Gehirnhemisphären, baut Stresshormone ab, stärkt das Immunsystem und steigert die Konzentrationsfähigkeit.
4. Die drei wesentlichen Faktoren der Meditation sind: (1) die aufrechte Haltung der Wirbelsäule, (2) eine ruhige und tiefe Atmung in den Bauch und (3) die Aufmerksamkeit auf den Gegenstand der Meditation zu richten (ein Bild, einen Satz, den Körper oder den Atem).
5. Wenn die Gedanken abschweifen (was völlig normal ist), so nehmen Sie das einfach wahr und kehren Sie zum Gegenstand der Meditation zurück.
6. Empfehlenswert ist es, möglichst regelmäßig, zur gleichen Zeit und am gleichen Ort zu meditieren und die Meditation (optimal nach 20 Minuten) durch einen Signalton zu beenden.
7. Möglichkeiten des Aufmerksamkeitstrainings sind: (1) die eigenen Gedanken beobachten, (2) den Körper oder (3) eigene Handlungen bewusst wahrnehmen.
8. Alle Aufmerksamkeitsübungen führen das Bewusstsein in die Gegenwart – weg von Grübeleien, Sorgen oder Tagträumen.
9. Jede konzentrierte Tätigkeit (Arbeit, Hobby, Sport oder Putzen) trainiert gleichzeitig die Konzentrationsfähigkeit. Ganz bei der Sache zu sein – darum geht es (die Weisheit des Zen)!
10. Entscheidend ist nicht, *was* man tut, sondern *wie* man es tut: mit ganzer Aufmerksamkeit!

7. Konzentration auf das Positive

Die verblüffende Umfrage

In einem Experiment wurde einer Versuchsgruppe ein Blatt mit zehn einfachen Rechnungen vorgelegt. Das Blatt sah folgendermaßen aus:

8	+	3	=	11
39	−	5	=	34
17	+	4	=	21
12	−	3	=	9
80	−	18	=	62
3	+	9	=	12
17	−	9	=	11
9	+	9	=	18
15	−	2	=	13
2	+	2	=	4

Die Frage an die Teilnehmer lautete: »Fällt Ihnen an diesem Blatt etwas auf?« Und nun richte ich die gleiche Frage an Sie.

Versuchen Sie sie bitte zu beantworten, bevor Sie weiterlesen.
Was fällt Ihnen bei diesen zehn Rechnungen auf? Und falls Sie etwas zum Schreiben zur Hand haben, dann schreiben Sie es bitte auf!

Und bei dem Experiment? Nun: Nach kurzem Hinsehen antworteten alle, ausnahmslos alle, spontan: »Da ist eine Rechnung falsch!« Und das stimmt natürlich: 17 minus 9 ergibt definitiv nicht 11. Kein Einziger kam aber auf die Idee zu sagen: »Da sind neun Rechnungen richtig!«

Und, haben Sie es bewusst bemerkt? Als ich von diesem Versuch zum ersten Mal hörte, musste ich betroffen erkennen: Das ist eine Haltung, mit der ich ganz oft durchs Leben gehe. Ich wache morgens auf, und das Erste, worauf sich meine Gedanken fast automatisch richten, ist irgendein ungelöstes Problem vom Vortag – während ich meist nicht »auf dem Schirm« habe, dass ich gesund bin, eine Frau und Kinder habe, die ich liebe, einen Beruf, der mir Freude macht, gute Freunde, genug zu essen, ein Haus in einem Wohlstandsland ohne Krieg oder Diktatur und so weiter. Dies muss ich mir tatsächlich immer wieder erst aktiv bewusst machen, ansonsten richtet sich der Fokus meiner Aufmerksamkeit fast nur noch auf die Dinge, die nicht stimmen. Es ist, als hätten wir einen Automatismus im Gehirn, der immer als Erstes das bemerkt, was *nicht* stimmt. Wir laufen gewissermaßen mit einem ständigen Fehlerscanner durch die Welt. Und was wir sehen ist:

1 Falsche

9 Richtige

Es wäre zu einfach, daraus abzuleiten, dass dies eine Fehlfunktion unseres Gehirns sei. Im Gegenteil: Dieses automatische Fehlerscreening garantiert unser Überleben. Auf jedes Gefahrensignal reagieren wir schneller und stärker als auf erfreuliche Dinge – nur so können wir uns sofort in Sicherheit bringen. Hätte sich der Neandertaler in der Wildnis in erster Linie an der schönen Landschaft, den Blumen und dem Vogelgezwitscher erfreut, wäre er möglicherweise vom Bären gefressen worden, den er hinter dem Baum nicht wahrgenommen hatte. Und auch heutzutage im Straßenverkehr müssen wir als Erstes das Auto bemerken, das uns gerade die Vorfahrt nimmt, statt uns mit den vielen Autos zu befassen, die um uns herum verkehrsgerecht fahren.

Doch was unsere Lebenszufriedenheit und innere Einstellung betrifft, ist es leider so, dass es keinen anderen Automatismus im Gehirn gibt, der uns hin und wieder zeigt:

9 Richtige

1 Falsche

Einen Automatismus, der uns aufzeigt, was alles in Ordnung und positiv ist. Das Gehirn reagiert nur auf Gefahren und sichert unser Überleben – ob wir dabei zufrieden oder unzufrieden sind, scheint – zumindest evolutionsbiologisch – keine Rolle zu spielen. Sich die »neun Richtigen« im eigenen Leben immer wieder bewusst zu machen, ist also vielmehr eine Folge von menschlicher Reife, Klugheit oder Weisheit. Und wir müssen uns die positiven Dinge immer wieder aktiv bewusst machen – von selbst geschieht es nicht.

Konzentration auf Negatives erfolgt im Gehirn automatisch.
Konzentration auf Positives muss bewusst aktiviert werden.

Der Fokus entscheidet

Das musste ich selber vor einiger Zeit erfahren. Nach einem Vortrag in Hamburg vor etwa fünfhundert Zuhörern bekam ich lang anhaltenden Applaus, das Publikum erhob sich beim Klatschen und hinterher kamen viele auf mich zu, um sich für den Vortrag zu bedanken. Doch gerade als ich ins Taxi steigen wollte, hörte ich einen Herren laut sagen: »Solch einen Quatsch habe ich lange nicht mehr gehört!« Leider konnte ich nicht nachfragen, was er genau meinte, da ich zum Flughafen musste. Doch meine Laune war im Keller. Wie weggewischt waren die vielen begeisterten Zuhörer, in meinem Bewusstsein gab es nur noch den Mann und seinen Satz. Erst als mir klar wurde, was in mir vorging, und ich mich an den Mechanismus der »neun Richtigen und der einen Falschen« erinnerte, gelang es mir langsam, aus meinem Keller herauszukommen. Aber es erforderte einen bewussten Willensakt, der Neigung des Gehirns entgegenzuwirken, sich sofort wieder auf den Kommentar dieses Mannes zu stürzen.

Fokus auf Negatives verengt die Sicht – Fokus auf Positives weitet die Sicht

Doch die Fähigkeit, den Fokus weg vom Negativen und hin auf Positives zu lenken, den Richtstrahl der Aufmerksamkeit zu verschieben, ist eine der entscheidenden Voraussetzungen für Erfolg und seelisches Wohlbefinden.

Dankbarkeit

Kurz zusammengefasst lässt sich feststellen:

- Wenn wir uns *auf Negatives konzentrieren* (also dem Gehirn erlauben, sich nur noch damit zu beschäftigen), dann verengt sich unsere Wahrnehmung ausschließlich auf das, was uns ärgert oder ängstigt. Die dabei entstehende Identifikation mit dem Problem hat manchmal die Wirkung eines psychischen »Wirbels«: Diese Identifikation führt zu einem sich wiederholenden Prozess, in dem wir von dem problematischen Bewusstseinsinhalt mehr und mehr absorbiert und beherrscht werden.

Je mehr wir hineingezogen werden, um so mehr verdunkelt sich auch unsere Wahrnehmung. Wer sich immer wieder auf die negativen Aspekte konzentriert, hat eine hohe Chance, früher oder später an einer Depression zu erkranken.

- *Konzentration auf die positiven Aspekte* geht dagegen mit einer Erweiterung des Wahrnehmungsspektrums einher, verbunden mit den positiven Gefühlen, die dabei in uns auftauchen. Und je wohler wir uns fühlen, desto weiter ist unsere Wahrnehmung. Hinzu kommt, dass gleichzeitig im Gehirn die Belohnungsschaltkreise aktiviert werden, die Dopamin- und Endorphinausschüttungen bewirken. Dopamin steigert die Motivation und Endorphine steigern das Lustgefühl dabei.[72]

Man wird zu dem, was man betrachtet

Der französische Schriftsteller Alphonse de Châteaubriant verglich den menschlichen Geist mit einem jener Schmetterlinge, die jeweils die Farbe der Blätter annehmen, auf die sie sich setzen: »Man wird zu dem, was man betrachtet« – oder worauf man eben seine Aufmerksamkeit richtet. Das bedeutet aber auch: Wir können selbst entscheiden, worauf wir uns konzentrieren. Wie bei einem CD-Player können wir wählen, welche CD wir einlegen. Das Gehirn mag automatisch immer die Problem-CD hervorkramen, doch wir können sie bewusst und aktiv auswechseln.

Daher lautet der einzige Ausweg aus negativen Gefühlen und schlechter Stimmung: den Fokus zu ändern. Und das bedeutet, zuerst einmal wahrzunehmen, was in einem selbst gerade geschieht, dass die »eine Falsche« uns im Griff hat, und dann die Aufmerksamkeit bewusst umzuschalten, entweder auf die anderen »neun Richtigen« oder zumindest auf irgendeine andere Tätigkeit. Diese Fähigkeit, die Aufmerksamkeit umzulenken, ist eines der besten Selbststeuerungsinstrumente, das man entwickeln kann, und es ist zudem erlernbar und trainierbar.

Bitte schreiben Sie sich doch mal schnell Ihre persönlichen »9 Richtigen« auf – es dürfen auch gerne ein paar mehr sein.

Von dem italienischen Psychologen Roberto Assaggioli[73] stammt folgende einfache Übung, die Aufmerksamkeit bewusst zu lenken. Vielleicht nehmen Sie sich kurz die Zeit, diese Übung mitzumachen:

Übung

- Visualisieren Sie ein gelbes Dreieck auf einem weißen Hintergrund.
- Stellen Sie sich nun daneben ein rotes Dreieck vor.
- Verweilen Sie mit Ihrer Aufmerksamkeit eine Weile bei dem gelben Dreieck und wechseln Sie dann zu dem roten und wieder zurück.
- Stellen Sie sich nun anstatt der zwei Dreiecke eine angenehme und eine unangenehme Situation vor. Denken Sie zunächst an die unangenehme Situation, und zwar so intensiv, als wären Sie daran beteiligt. Dann wechseln Sie zur angenehmen Situation, und zwar genauso intensiv.
- Wiederholen Sie diesen Wechsel einige Male und wiederholen Sie auch diese Übung immer wieder mit verschiedenen Situationen.

Auf diese Weise trainieren Sie den Wechsel von einer Vorstellung zur anderen – und können auch üben, von einer negativen zu einer positiven Sichtweise zu kommen.

Zappen Sie vom Ärgerprogramm zum Wunderprogramm

Oder Sie üben sich im »inneren Zappen«: Wie man beim Fernsehen von einem Programm zum nächsten zappen kann, so kann man auch im Alltag üben, vom automatischen »Ärgerprogramm« beispielsweise zum »Wunderprogramm« zu wechseln. Statt sich also automatisch über einen rücksichtslosen Drängler im Straßenverkehr zu ärgern, bewusst einmal umschalten auf Humor und sich einfach nur schmunzelnd wundern, was dieser Mitmensch für ein kurioses Verhalten an den Tag legt. Oder wenn Sie an der Kasse im Supermarkt oder am Flughafen-Check-in in einer langen Schlange warten: Vielleicht gelingt es Ihnen zu zappen – den Fokus von Ihrem Ärger und dem Warten, dass es endlich vorangeht, abzulenken hin zu einer Gelegenheit, innezuhalten – und eine Aufmerksamkeitsübung (wie in Kapitel 6) zu machen. Möglicherweise verändert sich damit die Qualität der Wartezeit spürbar.

Fokussiere die 9 Richtigen – dann löse die 1 Falsche

Doch jetzt kommt das große Aber: Das soll bitte keineswegs heißen, dass man die »eine Falsche« ausblenden oder gar ignorieren soll. Vor einiger Zeit warf ein Teilnehmer in einem meiner Seminare, in dem es um diese Thematik ging, ein: »Aber bitte, nun hören Sie doch auf mit diesem ewigen positiven Denken! Das ist doch nichts anderes, als Schlagsahne auf den Mist zu schmieren!« Nachdem das allgemeine Gelächter verhallt war, erwiderte ich: »Ja, Sie haben ganz recht. Wenn man mit der Schlagsahne den Mist zudecken will, dann ist das das falsch verstandene positive Denken! Doch darum geht es eben gerade nicht! Es geht darum, mit einer positiven Einstellung den Mist wegzuräumen!« Und das heißt: Wenn etwas schiefgelaufen ist, als Erstes die Situation zu akzeptieren (ohne zu lamentieren), sich dann auf die »neun Richtigen« zu konzentrieren (um die innere Einstellung zu stärken) und sich schließlich mit einer positiven Einstellung der »einen Falschen« zuzuwenden, um sie unschädlich zu machen.

Man darf daher nicht unterschätzen, wie wichtig die innere Einstellung, die Gefühle und die Sicht der Dinge oft sind – manchmal sind sie sogar entscheidend.

Positive Gefühle fördern eine positive Leistung und begünstigen den Erfolg, indem sie unsere Energie steigern, unsere Konzentrationsfähigkeit verbessern und uns darin unterstützen, beharrlich durchzuhalten. Das lässt sich immer wieder besonders gut beim Fußball erkennen, wenn eine positiv eingestellte Fußballmannschaft mehr Tore schießt als eine, deren Moral am Boden ist.

Das Gleiche gilt für die Konzentration auf die eigenen Stärken statt auf die Schwächen. So stellte der amerikanische Psychologe Richard Boyatzis in seinen Forschungen fest, dass die Konzentration auf die Stärken Menschen in Richtung einer erwünschten Zukunft dränge und Aufgeschlossenheit gegenüber neuen Ideen, Menschen und Plänen fördere, während der Fokus auf die eigenen Schwächen eher zu Schuldgefühlen, Verteidigungshaltung, Verpflichtung oder innerer Lähmung führe. In diesem Sinne lautet seine Schlussfolgerung: »Du brauchst die Konzentration auf Negatives zum Überleben – und die auf Positives zum Gedeihen.«

In diesem Sinne schließe ich das Kapitel mit den Worten: Achten Sie auf Ihren Fokus und lassen Sie es sich gut gehen!

ZUSAMMENFASSUNG

1. Unser Gehirn nimmt immer als Erstes das wahr, was nicht stimmt und also eine Gefahr darstellen könnte. Von zehn Rechnungen sieht man zuerst die eine falsche – nicht die neun richtigen.
2. Es gibt keinen Automatismus im Gehirn, der uns aufzeigt, was alles in Ordnung ist (die »9 Richtigen«). Dies muss man bewusst selbst tun.
3. Die Fähigkeit, den Fokus vom Negativen aufs Positive zu richten, ist eine entscheidende Voraussetzung für Erfolg und seelisches Wohlbefinden.
4. Sich auf Negatives zu fokussieren verengt die Sicht, verdunkelt die Wahrnehmung und kann depressiv machen.
5. Sich auf Positives zu fokussieren weitet die Sicht, löst positive Gefühle aus und steigert die Motivation.
6. Die Sicht der Dinge entscheidet, wie wir unser Leben erleben – man wird zu dem, was man betrachtet.
7. Souverän und besser lebt, wer lernt, innerlich vom »Ärgerprogramm zum Wunderprogramm« zu zappen.
8. Wichtig ist, die »1 Falsche« nicht auszublenden, sondern sich die »9 Richtigen« bewusst zu machen, um dann die »1 Falsche« zu lösen!

8. Konzentration und Kommunikation

Vor Kurzem lag ich im Wellnessbereich eines Hotels im Freien, um nach einem Saunagang Frischluft zu tanken. Unweit von mir standen zwei Herren im Bademantel und ich wurde ungewollt Zeuge eines kuriosen Gesprächs. Der eine Herr erklärte dem anderen stolz, wie er jetzt nach dem sogenannten »Eisenhower-Prinzip« seine Zeit rational und effizient manage. Er erklärte ihm, dass dabei alle Aufgaben einzuteilen seien, je nachdem, ob sie wichtig und/oder dringend seien. Die eigentlichen Zeitfresser seien die sogenannten C-Aufgaben, die zwar dringenden, aber eigentlich nicht so wichtigen Aufgaben des Alltags wie Routinetätigkeiten oder die Beantwortung von E-Mails. Entscheidend sei es, diese zu rationalisieren, möglichst zu bündeln und zeitsparend zu erledigen. Und das mache er nun immer gegen Abend, wenn er mit Lucia, seiner Freundin, telefoniere. »Du weißt ja, wie viele Frauen so sind, die reden und reden. Nun: Ich sage dann halt ab und zu mal ›Ja‹, ›Hmm …‹, ›Interessant …‹, ›Echt?‹ und so weiter, und dabei kann ich diese C-Aufgaben erledigen.« Und er schien wahrlich auch noch stolz darauf zu sein.

Nebenbei kommunizieren heißt schlecht kommunizieren

Kommunikation »nebenbei«! Ich spürte eine gewisse Empörung in mir aufkommen, fragte mich, wie sich wohl Lucia bei diesen Telefonaten fühlte, und beschloss, die Geschichte in meinem neuen Buch zu verwerten.

Nebenbei ist nicht dabei

Falle Nr. 1: Nebenbei telefonieren ohne Aufmerksamkeit für die Gesprächssituation

Doch wie es manchmal so kommt: Zwei Tage später saß ich abends vor meinem Computer und war gerade damit beschäftigt, einen Flug zu buchen, als mein Handy klingelte. Meine mittlerweile studierende Tochter Noreen war am Apparat und fragte sofort: »Papa, passt es gerade, ich wollte dir was erzählen?« Und ich erwiderte (was schon der erste Fehler war): »Ja klar, schieß los!« (Statt zu sagen: »Ich kann gerade nicht, ich rufe dich in fünf Minuten zurück.«) Während sie mir nun ihr Anliegen darlegte, setzte ich allerdings meine Buchung fort, da ich sonst später mit dem gesamten Vorgang hätte von vorne anfangen müssen. Als ich endlich fertig war, hörte ich sie fragen: »Nun, Papa, was hältst du von meiner Idee?« Ich musste feststellen, dass ich keine Ahnung hatte, was sie mir soeben erzählt hatte, war ich doch mit meinen Gedanken nicht bei ihr, sondern bei meiner Buchung im Internet gewesen. Wie peinlich! Also antwortete ich, ohne groß nachzudenken (was der zweite Fehler war): »Finde ich prima!« – »Das freut mich!«, kam es zurück, »und wann überweist du mir die 570 Euro dafür?« Spätestens jetzt musste ich Farbe bekennen, wenn ich nicht nur zahlen, sondern zumindest auch erfahren wollte, wozu meine Investition dienen sollte.

Im Prinzip hatte ich unbewusst das Gleiche getan wie der Herr, über den ich mich im Wellnessbereich empört hatte: Ich hatte nebenbei im Internet gesurft, ohne mit der Aufmerksamkeit beim Gesprächspartner zu sein.

Kennen Sie das vielleicht auch? Wann ist es Ihnen zuletzt so ergangen?

____

____

Falle Nr. 2: Nebenbei telefonieren ohne Aufmerksamkeit für den konkreten Ort und anwesende Personen

Ähnlich ist folgende umgekehrte Variante: Vor vielen Jahren, als mein Sohn Dario etwa drei Jahre alt war, spielte ich abends mit ihm auf dem Boden seines Zimmers mit Bauklötzen, als mein Handy klingelte. Am Telefon war ein wichtiger Kunde und es ging um einen großen Auftrag. Ich signalisierte Dario leise: »Ganz kurz, spiel schon mal weiter! Ist wichtig!« Als ob der Kleine das verstehen konnte! Nach ein paar Minuten, während ich telefonierte, wurde er unruhig und zerrte an mir. Wieder deutete ich auf das Handy und raunte ihm, den Hörer zuhaltend, zu: »Gleich, ist sehr wichtig!« Vergeblich! Er fing an zu weinen und ich musste meinen Gesprächspartner auf später vertrösten. Leicht ärgerlich wandte ich mich ihm zu und sagte: »Du musst doch nicht weinen, Papa ist doch da!« – »Nein! Papa nicht da!« Erst jetzt verstand ich langsam, wie recht er hatte: Mag ich auch körperlich neben ihm gewesen sein, geistig war ich nicht da, sondern woanders! Und kürzlich haben Kognitionsforscher von der Universität Indiana in einer Studie festgestellt: Wenn Eltern beim Spiel durch ihr Smartphone abgelenkt sind, dann leidet auch die Konzentration der Kinder beim Spielen. Langfristig beeinträchtigt ein solches Verhalten das Konzentrationsvermögen der Kinder.[74]

Wo bist Du?

Oder vielleicht sollte es genauer heißen: Wo bist Du *wirklich*? Mal nicht hier (bei dem, was ich tue, oder bei der Person, mit der ich gerade zusammen bin) und mal nicht dort (bei der Person, mit der ich am Telefon spreche). Gleichzeitig hier und dort sein geht nicht (wie schon im Kapitel 1 zum Multitasking dargelegt wurde). Beobachten Sie einmal Menschen, die am Flughafen, an Bushaltestellen oder in der U-Bahn auf die Displays ihrer Smartphones starren und chatten oder telefonieren: Sie sind psychisch nur selten an dem Ort, an dem sie sich physisch befinden. Körperlich hier, mental dort … oder einfach eben völlig abwesend.

Hände ans Steuer statt Handy am Steuer!

Wie gefährlich Telefonieren am Steuer sein kann, wurde schon in Kapitel 1 ausgeführt. Die Aufmerksamkeit ist dann eben in erster Linie beim Gesprächspartner, aber nicht mehr ganz vor Ort. So besteht oft die Gefahr, einen plötzlich auftauchenden Passanten oder ein Auto zu übersehen, das einem die Vorfahrt nimmt. Vor Kurzem war ich auf der Autobahn von München nach Berlin unterwegs, während ich mit einem Kollegen per Freisprechanlage über gemeinsame Marketingaktionen sprach. Die Autobahn war frei, wenig Verkehr. Ich war voll und ganz in mein Telefonat vertieft, als ich plötzlich bei Nürnberg die Abfahrt Richtung Berlin wahrnahm. Mit einem gewagten Manöver musste ich die Geschwindigkeit drosseln, und es gelang mir gerade noch, von der Überholspur nach rechts zu wechseln, um die Abzweigung zu erreichen. Das war knapp! Selten habe ich so real erlebt, wie abwesend man sein kann, wenn man am Steuer telefoniert.

Warum aber mache ich es dann, wenn ich doch eigentlich weiß, was im Gehirn passiert, wie gefährlich es ist, wenn ich darüber in meinen Vorträgen rede und in meinen Büchern darüber schreibe? Nur weil es alle anderen auch machen oder weil ich selbst es ja schon so oft getan habe? Wenn Sie es auch tun oder meinen, es tun zu müssen, dann seien Sie sich bitte bewusst, dass Sie nicht mehr mit voller Aufmerksamkeit im Hier und Jetzt sind, sondern weitgehend dort, bei Ihrem Gesprächspartner. Oder unter Umständen eben auch nicht ganz bei Ihrem Gespräch, weil die Verkehrssituation Ihre Aufmerksamkeit in Anspruch nimmt und Sie sich hinterher »eigenartigerweise« nicht mehr an alles erinnern können, worüber Sie gesprochen haben. Sie sind also eigentlich weder hier noch dort! Wenn ich meine Frau aus dem Auto anrufe, um etwas Wichtiges mit ihr zu besprechen, höre ich nicht selten: »Schatz, ruf mich doch bitte an, wenn du angekommen bist, dann weiß ich wenigstens, dass du auch mitbekommst, was ich sage!« Und damit hat sie völlig recht. Ich wiederum mag es überhaupt nicht, wenn ich bei einem Telefonat mit ihr im Hintergrund die Geräusche von

Küchenaktivitäten mitbekomme. Und den Einwand »Wir Frauen können im Unterschied zu euch Männern einfach multitasken«, hat sie mittlerweile fallengelassen.

Telefonieren Sie auch oft beim Autofahren? Sind Sie deswegen auch schon in gefährliche Situationen geraten? Oder haben Sie auch schon mal nach dem Telefonat nicht mehr gewusst, um was es eigentlich ging, weil Sie sich auf den Verkehr konzentriert haben?

Also: Überlegen Sie gut, ob Sie nebenbei telefonieren oder nebenbei arbeiten beziehungsweise Autofahren. Eines von beiden kommt meist zu kurz! Entweder bleibt die Kommunikation auf der Strecke oder Ihre Arbeit – oder schlimmstenfalls Sie mit Ihrem Auto.

Fatale Teilaufmerksamkeit

In einer Schlüsselszene des Films *The Social Network* wird der Initiator von Facebook, Mark Zuckerberg (gespielt von Jesse Eisenberg) in einem Gerichtsverfahren von einem Anwalt befragt. Es geht um mehrere Hundert Millionen Dollar. Doch Zuckerberg blickt während der Befragung nur teilnahmslos aus dem Fenster, während er mit einem Stift auf seinem Block herummalt. »Mister Zuckerberg, habe ich Ihre volle Aufmerksamkeit?« – »Nein!« – »Glauben Sie, ich verdiene Ihre volle Aufmerksamkeit?«, hakt der Anwalt nach. »Sie haben das notwendige Minimum meiner Aufmerksamkeit.« – Der Rest seiner Aufmerksamkeit weilt anderswo – bei sicher viel wichtigeren Angelegenheiten.

Viele leben in einem Zustand ständiger Teilaufmerksamkeit

»Das notwendige Minimum der Aufmerksamkeit« oder wie Daniel Goleman es bezeichnet: Geistig abwesende Menschen befinden sich in einem Zustand »ständiger Teilaufmerksamkeit«[75]. Volle und ungeteilte Aufmerksamkeit zu bekommen, wird dagegen immer seltener und somit immer wertvoller. Nicht ohne Grund hat Hans Magnus Enzensberger in einem seiner Essays die ungeteilte Aufmerksamkeit als »Luxusgut der Zukunft« bezeichnet.[76]

Einige der interessantesten Plätze, um »Kommunikation unter Abwesenden« zu beobachten, sind Restaurants, Bars oder Cafés. Da sitzt ein Pärchen, jeder in sein Smartphone vertieft, die Unterhaltung läuft nicht mehr zwischen ihnen, sondern mit jeweils Abwesenden. Oder aber sie sind gerade miteinander im Gespräch, da klingelt sein Handy. Mit einem nur in seltenen Fällen noch schuldbewussten Blick und den Worten »Oh, sorry, ganz kurz nur, ist wichtig« nimmt er das Gespräch an, taucht geistig ab und lässt sie abrupt zurück. Es kann durchaus sein, dass der Angerufene seelenruhig zehn bis fünfzehn Minuten lang ein Gespräch führt.

Der oder die Zurückgebliebene ist dann in vielen Fällen pizzled. Das Wort »pizzled« ging etwa vor zehn Jahren in den englischen Wortschatz ein: eine Kombination aus »pissed« (beleidigt) und »puzzled« (verblüfft), die das Gefühl beschreibt, das Menschen oft haben, in deren Gegenwart jemand plötzlich sein Handy zückt und ein Gespräch mit einer unsichtbaren dritten Person beginnt.[77] Damals mögen viele Menschen in solchen Situationen noch verärgert reagiert oder sich verletzt gefühlt haben. Vermutlich hätte man damals so ein Verhalten noch als respektlos oder taktlos bezeichnet. Und heute? Heute ist es leider schon fast zur Norm geworden, sodass sich kaum noch einer trauen würde zu protestieren – mag er oder sie sich auch noch so pizzled fühlen.

Wie oft haben Sie Ihr Handy eingeschaltet, wenn Sie sich gerade mit einer anwesenden Person unterhalten?
Wie oft steigen Sie aus einer Unterhaltung aus, nur weil Sie angerufen werden?

Vielleicht fragen Sie sich: Was tun? Was kann man daran ändern? Nun: Weder kann man die Zeit zurückdrehen, noch macht es Sinn, als Moralapostel aufzutreten und ein solches Verhalten als respektlos zu verurteilen. Aber Sie haben konkret folgende Möglichkeiten:

- Nehmen Sie Ihr Handy in ein Gespräch gar nicht erst mit oder schalten Sie es wenigstens auf stumm.
- Checken Sie nicht jede Nachricht, die reinkommt, während Sie sich unterhalten. In dringenden Fällen können Sie ja für einige Minuten den Raum verlassen, die Waschräume aufsuchen und kurz reagieren.
- Auf jeden Fall würde ich der Person am Tisch mitteilen, warum ich notfalls mein Handy anlasse und gegebenenfalls kurz telefonieren muss (weil beispielsweise ein Kind auf einer Reise ist, ein Handwerker sich melden kann oder man im Büro hinterlassen hat, dass man in dringenden Fällen erreichbar sei).

Auf das Verhalten anderer hat man oft wenig Einfluss. Aber das eigene Kommunikationsverhalten kann man doch in manchen Punkten steuern. Und was die Person gegenüber betrifft: Es kann durchaus sein, dass es »ansteckend« wirkt, wenn ich zu Beginn des Treffens kurz sage: »So, und nun mach ich mein Handy aus, damit wir ungestört miteinander reden können!« Also:

Handy stumm, besser aus
und nur notfalls: kurz mal raus!

Nicht ohne Grund besteht mittlerweile in vielen Firmen das Verbot, zu Besprechungen Smartphones mitzunehmen oder gar während eines Meetings zu telefonieren. Sonst ist der betreffende Mitarbeiter eben »dann mal weg«, auch wenn er noch in der Runde sitzt, und hat anschließend weder mitbekommen, worum es zwischenzeitlich ging, noch konnte er etwas dazu beitragen.

Und auch im Privatleben kann man sich Regeln geben: Ein Paar in unserem Bekanntenkreis hat ein für sich heilsames Ritual entwickelt: Mindestens einmal am Tag legen beide für mindestens eine Stunde ihre Handys in einen Kasten an der Garderobe im Hauseingang. Dies ermöglicht ihnen, einander mehr Aufmerksamkeit zu schenken und wieder ungestört miteinander zu reden. Die Idee mit dem Kasten sehen sie humorvoll als notwendige »Selbstdisziplinierungsmaßnahme« an, sonst sei die Verlockung zu groß, doch kurz mal draufzuschauen, wer sich denn gerade gemeldet habe. Jedenfalls scheint es ihnen zu helfen.

Wo bin ich? Und wo bist du?

Und dann gibt es noch eine weitere wichtige Unterscheidung bei der Frage: »Wo bin ich mit meiner Aufmerksamkeit während eines Gesprächs?« Konzentriere ich mich nur auf die Sache oder achte ich auch auf den Gesprächspartner?

Viele Menschen sind vor allem in der beruflichen Kommunikation meist nur auf das sachliche Ergebnis fokussiert und nehmen oft den Menschen mit seinen Gefühlen und nonverbalen Signalen kaum wahr. Auch bei einer sachbezogenen Geschäftsverhandlung ist es essentiell, gleichzeitig auf den Gesichtsausdruck und die Körpersprache der anderen Person zu achten. Woran kann ich erkennen, an welcher Stelle des Gesprächs mein Gegenüber innerlich mit Ablehnung reagiert, einverstanden ist oder sich verstanden fühlt?

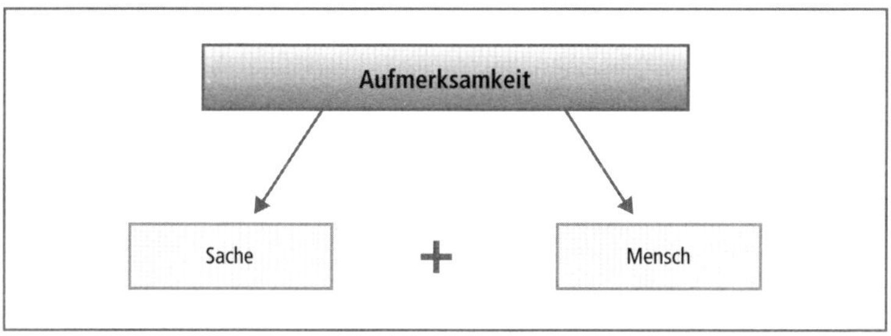

Personen die gut verhandeln, führen und überzeugen können, haben in der Regel immer auch die Fähigkeit, neben der Sache gleichzeitig auch den Menschen wahrzunehmen, mit dem sie es gerade zu tun haben. Das hat nichts mit Multitasking zu tun, sondern hier geht es um den erweiterten Fokus eines Profis. Wenn ich einen Vortrag halte, muss ich auf der Bühne auch ständig mit meiner Aufmerksamkeit beim Publikum sein und nicht nur bei dem, worüber ich rede, ebenso wie ich als Coach auch auf die nonverbalen Signale meines Coachees achte. Nur so kann ich wahrnehmen, wo vielleicht verborgene Ängste, Vorbehalte oder Widerstände auftauchen oder umgekehrt: wo sich ein Gesichtsausdruck von Zustimmung und Entschlossenheit einstellt und die Augen leuchten. Und Sie merken vielleicht schon: Das geht eben am besten bei einem persönlichen Gespräch, bei dem man der anderen Person gegenübersitzt.

Doch auch am Telefon kann die Stimme sehr viel verraten. Auch da kann man – wenn man darauf achtet – hören, ob der Gesprächspartner zustimmt oder zögert, ob er Bedenken hat oder erfreut ist. Beispielsweise steht auf meinem Schreibtisch eine kleine Buddhastatue mit einer Handgeste, die zur Achtsamkeit ermahnen soll. Vor wichtigen Telefonaten stelle ich sie oft vor mich hin, damit sie mich daran erinnert: »Denke nicht nur an das, was du sagen und erreichen willst, sondern achte auch auf den Menschen, mit dem du sprichst.« Und bloß weil ich das hier schreibe und davon überzeugt bin: Glauben Sie bitte nicht, dass mir das immer gelingt. Aber wenn es gelingt, läuft das Gespräch wesentlich besser.

Damit wichtige Gespräche besser laufen, ist es für ein konstruktives Ergebnis außerdem erforderlich, dass mein Gesprächspartner sich verstanden fühlt. Und jemanden zu verstehen, heißt noch lange nicht, dass ich dafür meine Sicht der Dinge aufgeben muss. Ich kann einen Menschen in »seiner Welt« mit seinen Überzeugungen, Gefühlen und Reaktionen voll und ganz verstehen und dennoch in »meiner Welt« anderer Ansicht sein. Dann muss man eben eine Kompromisslösung suchen. Doch diese findet sich meist erst dann, wenn die andere Person sich verstanden fühlt.

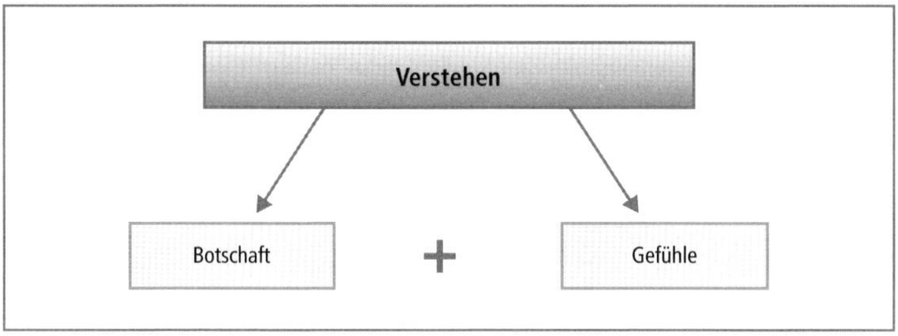

Wir ahnen oft gar nicht, wie groß das Bedürfnis der Menschen ist, verstanden zu werden. Oft ist es sogar größer als das Bedürfnis, recht zu behalten. Voraussetzung allerdings, um jemandem glaubhaft zu vermitteln, dass man ihn verstehen könne, ist es, ihm auch tatsächlich zuzuhören oder noch besser: hin-zu-hören, was er sagt. Und die beste Art, ihm dann zu vermitteln, dass man ihn gehört hat, besteht darin, das Gesagte nochmals mit eigenen Worten kurz (zusammenfassend) zu wiederholen. Gerne auch als Frage: »Habe ich Sie richtig verstanden? Sie haben …?« – »Ja, genau!« – »Und wenn Sie sich darüber geärgert haben, dann kann ich das voll und ganz verstehen!«

Genau genommen ist es ein doppeltes Sich-verstanden-Fühlen, um das es geht. Der andere fühlt sich auf der Sachebene verstanden mit dem, was er gesagt hat, aber auch (was mindestens genauso wichtig ist) mit seinen Gefühlen: mit seinem Ärger, seiner Enttäuschung, seinem Frust oder gar seiner Wut. Natürlich braucht es dann eine Lösung, aber der erste Schritt ist immer, dem Gegenüber zu vermitteln, dass man ihn (sachlich) verstanden hat und (emotional) verstehen kann. Dazu ist es im Gespräch erforderlich, sich zunächst auf das Verstehen zu konzentrieren, bevor man die eigenen Ziele angeht. Also: Achten Sie im Gespräch neben dem sachlichen Ziel auch auf:

- den Menschen mit seinen non-verbalen Signalen,
- das, *was* er sagt,
- und das, was er *fühlt*.

Und signalisieren Sie ihm, dass …

- Sie ihn (sachlich) *verstanden* haben
- und dass Sie ihn (emotional) *verstehen* können.

Dann fokussieren Sie sich auf die Lösung!

Wie geht es Ihnen damit? Fällt es Ihnen leicht, Verständnis für eine andere Position und Einstellung aufzubringen, auch wenn sie in Widerspruch zu Ihrer eigenen ist? Gelingt es leichter bei persönlich nahestehenden Menschen oder eher bei Freunden?

Konzentriert streiten

Auch bei Auseinandersetzungen, Konflikten oder Streitigkeiten ist es entscheidend, worauf der innere Fokus gerichtet ist: auf die friedliche Lösung oder aufs Rechthaben? Wie viel Energie wird immer wieder verschwendet und wie viel »Porzellan« unnötig zerschlagen, nur um recht zu bekommen oder zu behalten. Im Sinne des großen Kommunikationsexperten und Entwicklers der Gewaltfreien Kommunikation Marshall B. Rosenberg könnte man sagen: »Willst du eine friedliche, glückliche Lösung oder recht behalten? – Beides geht nicht!« Und der Schlüssel für eine gütliche Lösung ist nun einmal das Verständnis in dreifacher Hinsicht:

1. Wahrnehmen und verstehen, *was bei mir passiert*. Verstehen, warum mich ein bestimmtes Verhalten oder eine Äußerung der anderen Person so ärgert oder trifft. Der andere mag der Auslöser des Zornes sein, die Ursache liegt meist in meiner Person oder meiner Vergangenheit.

2. Versuchen, *den anderen* in »seiner Welt« (mit seiner Art, seinen Werten, seiner Sicht der Dinge) *zu verstehen*. Nachzuvollziehen, warum er oder sie möglicherweise so und nicht anders gehandelt hat. Das erfordert den (emotional oft schweren) Versuch, sich in die andere Person hineinzuversetzen, sie gedanklich in »ihrer Welt« aufzusuchen.

3. Es kann sein, dass auch der andere Ihnen Verständnis entgegenbringt, wenn es Ihnen gelingt (ohne Vorwurf oder Schuldzuweisung) zu *kommunizieren, was bei Ihnen geschehen ist.*

Eine große Kunst ist es, sich in die Lage des anderen zu versetzen ... und ihn zu verstehen

Sollte es wirklich gelingen, dass Sie sich mit Ihren unterschiedlichen Ansichten zumindest gegenseitig verstehen können, also nachvollziehen können, warum die jeweils andere Person in ihrer Welt sich geärgert hat, dann und nur dann ist der Schritt zu einer Lösung nicht mehr schwer. Ohne gegenseitiges Verständnis ist eine Lösung dagegen meilenweit entfernt!

Im Übrigen ist es in der Kommunikation mit anderen auch entscheidend, auf welche Aspekte einer Person ich mich konzentriere: ob ich primär »die eine Falsche« auf dem Schirm habe (der Umstand, über den ich mich geärgert habe) oder ob ich auch »die neun Richtigen« mit vor Augen habe, alle anderen positiven Aspekte und Eigenschaften dieses Menschen. (Falls Sie es noch nicht gelesen haben, dann finden Sie dazu Näheres in Kapitel 7). Vor allem für Kritikgespräche, die im beruflichen, aber auch im persönlichen Umfeld immer mal wieder anstehen, kann es sehr hilfreich sein und das Klima eines solchen Gespräches fördern, wenn Sie sich vorher nochmals die »neun Richtigen«, also die positiven Umstände, bewusst machen, die Sie mit Ihrem Gesprächspartner verbinden. Wenn Sie diese dann zu Beginn des Gesprächs kurz anerkennend ansprechen, ist die Bereitschaft, konstruktive Kritik anzunehmen, danach wahrscheinlich wesentlich höher. Also, auch in der Kommunikation gilt: Konzentrieren Sie sich zuerst auf die »neun Richtigen« und widmen Sie sich dann der »einen Falschen«!

So weit zu der Frage, *wie* Sie mit anderen kommunizieren. Zum Abschluss nun noch zwei Tipps, wie Sie die Kommunikation auch inhaltlich konzentrieren können – also *was* und mit *wem* Sie kommunizieren.

Tipp 1:

Versuchen Sie sich so gut es geht auf das Wesentliche zu konzentrieren. Vermeiden Sie die vielen überflüssigen Ausführungen, die oft nur verwirren und Zeit kosten. Je mehr man von etwas versteht, desto größer ist die Kunst, sich auf die essentiellen Dinge zu beschränken, die Sache auf den Punkt zu bringen. Reduktion schlägt Redundanz.

Tipp 2:

Bedenken Sie immer wieder: Auf welche Freunde und Bekannte konzentriere ich mich kommunikativ im Leben? Auf die vielen (oft unbekannten) virtuellen bei Facebook oder Twitter oder auf die realen, mit denen ich in direktem Kontakt stehe und die ich auch persönlich treffe oder besuche? Es mag belebend sein, Tausende von Likes zu bekommen und unzählige Freunde im Netz zu haben; gegen Einsamkeit oder bei realen Sorgen und Problemen helfen meist nur die wenigen, echten Freunde, denen ich mich auch so zeigen kann, wie ich bin, mit meiner Licht- und meiner Schattenseite. Die anderen lösen sich dann oft schnell in Luft auf – oder eben im Netz. All das Twittern, Mailen, Posten und Liken scheint mittlerweile die Fähigkeit zu direkter Kommunikation und Konversation verkümmern zu lassen. Die Folgen sind zunehmende Selbstisolation und Einsamkeit. Der Preis, den wir für die beinahe unüberschaubaren Verbindungen in der digitalen Welt zahlen, scheint die deutlich knappere Zeit zu sein, die wir mit echten Menschen verbringen.[78] Also: Nichts gegen viele virtuelle Freundschaften, aber konzentrieren Sie sich immer wieder auf die wenigen echten!

ZUSAMMENFASSUNG

1. Falle Nr. 1: Nebenbei telefonieren ohne Aufmerksamkeit für die Gesprächssituation.
2. Falle Nr. 2: Nebenbei telefonieren ohne Aufmerksamkeit für das konkrete Geschehen vor Ort und die anwesende Person.
3. Die entscheidende Frage beim Telefonieren lautet: »Wo bin ich?« – bin ich hier oder bin ich dort, beim Gesprächspartner?
4. Oft leben wir in einem Zustand ständiger »Teilaufmerksamkeit« – ungeteilte Aufmerksamkeit ist zum »Luxusgut der Zukunft« geworden.
5. Während eines Gespräches mit einem Anwesenden einen Anruf entgegenzunehmen und zu führen entspricht einem »geistigen Aussteigen« und wird von vielen als respektlos empfunden.
6. Bei Lokalbesuchen und Besprechungen gilt: Handy aus oder stumm und nur notfalls kurz mal raus!
7. Bei Gesprächen sollte man sich nicht nur auf die Sache, sondern auch auf den Gesprächspartner konzentrieren.
8. Voraussetzung für gelingende Kommunikation ist, dass sich der andere verstanden fühlt. Und zwar nicht nur mit seiner Botschaft, sondern auch mit seinen Gefühlen.
9. Konzentration auf eine friedliche, einvernehmliche Lösung ist meist wichtiger als Rechthaben.
10. Die große Kunst bei Streitigkeiten ist es: (1) wahrzunehmen, was bei mir passiert, (2) zu versuchen, den anderen zu verstehen, und (3) neben dem Streitpunkt auch noch die »9 Richtigen« vor Augen zu haben!

9. Konzentration und neue Medien

»Diagnose: Digitaler Burnout« – das war am 23. April 2016 auf der Titelseite des Focus zu lesen. Oder mit anderen Worten: »Hyperkonnektivität« durch ständige Erreichbarkeit, Checken von E-Mails und Posts, sofortiges Reagieren auf eingehende Nachrichten. Das Leben wird zum »endlosen Feed«. Mittlerweile scheint es eine Illusion, zu glauben, wir hätten die Medien noch im Griff. Die Wahrheit ist: Die Medien haben uns im Griff – sie beherrschen unser Leben.

Wie empfinden Sie das? Haben Sie Ihre digitalen Medien im Griff oder fühlen Sie sich oft von ihnen beherrscht?

Wir verbringen täglich mehrere Stunden vor und mit Bildschirmen und kleinen handlichen Gerätschaften, die aus unterschiedlichen Quellen gespeist werden: PC, Laptop, Handheld, Smartphone, ziemlich neu: Smart-Watch – und nicht zu vergessen den Fernseher, der sich in seiner Erscheinungsform als »Smart-TV« inzwischen auch schon zu einem Alleskönner entwickelt hat. Wir bekommen die neuesten Informationen aufs Handy geliefert, kommunizieren über E-Mail, Facebook und Twitter beruflich und privat mit echten und virtuellen »Freunden«, teilen den unendlichen Weiten des World Wide Web in unseren Posts mit, wo wir sind, was wir tun und was es bei uns zu essen gibt, und entfliehen immer wieder bei fesselnden Computerspielen in die virtuelle Realität.

Dabei konnte sich der US-amerikanische Physiker William Higinbotham wohl kaum vorstellen, welche Lawine er da ins Rollen brachte, als er im Jahre 1958 mithilfe eines analogen Computers und eines Oszillografen das erste Computerspiel entwickelte. Es sah ungefähr so aus:

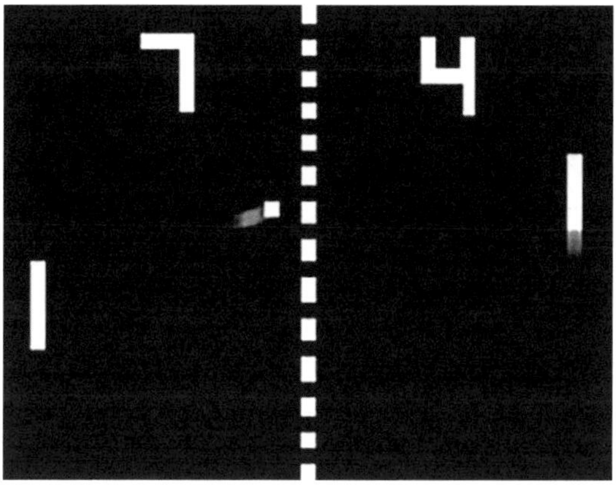

Quelle: https://de.wikipedia.org/wiki/Geschichte_der_Videospiele, abgerufen am 30.01.2016 (Owltom at German Wikipedia)

Ach ja, die Realität, die da abgebildet wurde, hieß übrigens Tennis.

Wer sich heute in den Parallelwelten der Computerspiele aufhält, ist anderes gewöhnt, aber der Wirkmechanismus dieser Spiele hat sich nicht verändert: Damals wie heute verbringen Spieler Stunden um Stunden gebannt vor dem Bildschirm, gehen völlig im Spiel auf, verlieren Zeit-, Hunger- und Durstgefühl und »vergessen« sogar zu schlafen.

Sind wir tatsächlich schon völlig abhängig, sind die neuen Medien zur Sucht geworden? Nach Untersuchungen eines Yahoo-Tochterunternehmens aus dem Jahr 2015 gibt es weltweit mehr als 280 Millionen Handysüchtige, und auch in Deutschland scheinen nach jüngsten Berichten die »problematischen User« in die Millionen zu gehen. Eine Studie der Humboldt Universität Berlin hat ergeben: Im Durchschnitt wird ein Smartphone 63 mal am Tag aktiviert und auf diese Weise fast drei Stunden Lebenszeit pro Tag

»verdaddelt«.[79] Tendenz steigend. Da stellt sich natürlich die Frage: Wie viel Onlinezeit verträgt der Mensch? Und was sind die Folgen?

Nach Ansicht des Psychologen Jens Corssen »zerstört Handyglück unser Lebensglück«. Wirkliches Glücksgefühl sei eine Art »Überwindungsprämie«, weil man durch eigene Leistung etwas erreicht habe. Das »Handyglück« stelle das genaue Gegenteil davon dar. Die Belohnung kommt in kleinen Einheiten, ohne Anstrengung und ist von kürzester Dauer. Die Sucht nach »Likes«, die Währung der Social Media, führt bei vielen dazu, echte Kommunikation durch virtuelle zu ersetzen, und macht uns auf Dauer ängstlich und unglücklich.

Außerdem beeinträchtigen die ständigen Ablenkungen unsere Produktivität, verursachen Stress, schlimmstenfalls auch einen digitalen Burnout – und sie schaden unserer Konzentrationsfähigkeit.

Neue Medien – Fluch oder Segen?

Neue Medien beeinflussen die Konzentration – positiv wie negativ

Schauen wir also genauer hin, auf das Wechselspiel zwischen neuen Medien und Konzentration. Die Diskussion dazu wird manchmal nicht ganz frei von Emotionen geführt, da hilft es, sich an einigen verlässlichen Fakten zu orientieren. Und in der Tat: Es gibt recht deutliche Anzeichen, dass alle neue Medien die Fähigkeit zur Konzentration beeinflussen, und zwar sowohl in positiver als auch negativer Weise.

- Zum einen müssen die virtuellen Beziehungen, die wir aufbauen, gepflegt werden durch ständige Posts und Statusaktualisierungen. Und das hat eigenartige Folgen, denn wir befinden uns bei diesem Aktualisierungszwang ständig in einem gespaltenen Zustand: Wir sind vor Ort, sogar mit anderen – und berichten gleichzeitig darüber, was wir erleben. Wir agieren – und sorgen gleichzeitig für die optimale Außendarstellung unserer Aktionen. Dieses ständige Hin und Her zwischen realer und virtueller Welt, das Springen zwischen verschiedenen Ebenen, hindert uns jedoch daran, uns auf eine Situation ganz einzulassen, und schadet damit letztlich auch der Konzentration.

- Zum anderen beobachten Lehrer schon seit Längerem den Verlust geistiger Kernkompetenzen und führen dies auf die gesteigerte Nutzung neuer Medien zurück. Lesen zum Beispiel ist ein komplexer Vorgang, der nicht nur aus dem reinen Ablesen des Textes besteht, sondern – und das ist die eigentliche Leistung dabei (zumal wenn gelesen wird, um zu lernen) – aus einem Einordnen des Gelesenen. Das Gehirn schafft ein mentales Modell[80], in dem das Neue verankert und in Beziehung gesetzt wird zu Bekanntem. Seit einigen Jahren aber scheint es Schülern immer schwerer zu fallen, längere Texte zu lesen, den Text zu verstehen, ihn einzuordnen und Schlussfolgerungen daraus zu ziehen. Zurückgeführt wird dies auch auf die Eigenheiten des Internet. Denn die dortige Informationskultur stellt so ziemlich das genaue Gegenteil einer Lesekultur dar. Informationsvermittlung im Internet ist ausgerichtet auf ständigen Wechsel, auf ein Neben-, Über- und Untereinander von Text, Bild, Ton, Video, auf Verlinkung und Verweise. Vertiefte und konzentrierte Beschäftigung mit einem Thema sieht anders aus. Vor diesem Hintergrund erscheinen webbasierte Lernmodelle, die seit einigen Jahren in Schulen, Hochschulen und auch im Berufsleben Einzug halten, problematisch zu sein im Hinblick auf ihre Eignung, konzentriertes Tun zu fördern: Sie tragen den Unterbrechungsmechanismus gewissermaßen in sich. Man könnte auch sagen: www – Informationsvermittlung mit eingebautem Zerstreuungseffekt.

Wie viele Bücher lesen Sie etwa im Jahr?
Und wie viel Zeit nehmen Sie sich pro Woche zum Lesen?

____

____

Der spielende Mensch

Hauptstreitpunkt vieler Diskussionen um das Wohl und Wehe moderner Medien sind allerdings Computerspiele. Eine große Zahl von Studien befasst sich mit positiven wie negativen Mechanismen dieser milliardenschweren Freizeitindustrie, und diese Menge trägt nicht zur Übersichtlichkeit bei. Einen ausgesprochen schlechten Ruf haben nach allgemeiner Ansicht die reinen Action- oder »Ballerspiele«, in denen es darum geht, durch kontinuierliche Vernichtung immer neuer Feinde möglichst lange am Leben zu bleiben. Das ist weder intellektuell herausfordernd noch pädagogisch wertvoll. In eine ähnliche Schublade – wenn auch mit weniger Gewaltanwendung – werden üblicherweise Spiele gesteckt, in denen es um Auto- oder Motorradrennen geht. In Untersuchungen hat sich nun gezeigt, dass ausgerechnet diesem umstrittenen Spieletyp durchaus auch positive Effekte zugesprochen werden können. Im Einzelnen waren dies[81]:

- eine Verbesserung der visuellen Aufmerksamkeit und der räumlichen Wahrnehmung;
- eine gesteigerte Verarbeitungsgeschwindigkeit von Informationen und damit einhergehend auch eine schnellere Entscheidungsgeschwindigkeit;
- eine Optimierung der Fähigkeit, Objekte zu verfolgen;
- ein schnelleres Wechselvermögen von einer geistigen Tätigkeit zur nächsten;
- in Einzelfällen auch eine Verbesserung statistischer Einschätzungen.

Insgesamt fördert also wohl die Notwendigkeit, sich längere Zeit auf ein Ziel zu fokussieren, die Konzentrationsfähigkeit, und zwar in der Form, dass wir stärkere mentale Abwehrkräfte gegen Störungen entwickeln, gegen ablenkende Impulse immun werden und uns auf diese Weise besser steuern können – ein einfacher Trainingseffekt letztlich. Das ist im Hinblick auf die *eine* wichtige Voraussetzung der Konzentration (Abschirmung von Störungen) an sich positiv. Leider gibt es auch einen unerfreulichen Begleitaspekt. Denn die Art Konzentration, die solche Spiele fördern, ist leider nicht diejenige, die sich auf einen kontinuierlich weiterentwickelnden Informationsgehalt bezieht[82], sondern eine, die von der Reaktion auf ständige Veränderungen geprägt ist – und das ist eher anstrengend als entspannend. Der Computerspieler wird durch lauter kleine Reize, die jedes Mal einen Adrenalin- und Dopaminstoß verursachen, bei der Stange gehalten. Er konzentriert sich darauf, keinen dieser Reize zu verpassen – und agiert damit nicht selbst, sondern ist fremdgesteuert. Diese Art von Steuerung prägt nach Ansicht des Leipziger Philosophen Christoph Türcke unseren Alltag.[83] Er spricht von kleinen »Rucks«, von ständig wiederkehrenden Unterbrechungen, die unseren Alltag steuern und denen wir Herr zu werden versuchen, indem wir mit erhöhter Konzentration den nächsten »Ruck« abwarten und dann tun, was nötig ist. Wie in einem schnell geschnittenen Actionfilm müssen wir hochkonzentriert sein, um richtig zu reagieren. Die entspannende Wirkung aber, die konzentriertes Tun haben kann, bleibt aus, da wir uns im Minutentakt veränderten äußeren Anforderungen anpassen müssen. Das ist so ziemlich das genaue Gegenteil von dem, was konzentriertes Tun eigentlich bewirken sollte.

Computerspiele können Selbststeuerungsmechanismen trainieren …

So können viele Videospiele wohl bestimmte Reaktionsfertigkeiten fördern und stärken, sie steigern aber im Regelfall nicht die Fähigkeit, sich längere Zeit und aus eigenem Antrieb einer Sache zu widmen.

… aber sie fördern nicht die Fähigkeit, bei einer Sache zu bleiben

Es gibt allerdings eine Reihe von Ansätzen, bei denen Videospiele gezielt therapeutisch eingesetzt werden, und die Erkenntnisse, die daraus gewonnen werden, halten möglicherweise auch Einzug in den Massenmarkt. So werden bestimmte recht einfach gestrickte Spiele zum Beispiel bei der Behandlung autistisch veranlagter Kinder eingesetzt. Auch Kinder und Jugendliche mit Aufmerksamkeitsdefizitsyndrom (ADS) können von solchen Trainings profitieren, bei denen es immer darum geht, die durch das Videospiel gestellte Aufgabe eine bestimmte Zeit lang zu verfolgen, ohne Ablenkungen bei einer Sache zu bleiben und damit die Selbststeuerung zu trainieren. Und nicht nur Kinder lernen damit: Auch ältere Menschen, die zum Beispiel an Gedächtnisverlust oder Demenz leiden, können mit Computerspielen üben.[84] Bis allerdings bei der Entwicklung und Programmierung solcher Spiele ebenso große Mittel eingesetzt werden wie bei den Kassenschlagern der Actionspiele, wird noch einige Zeit ins Land gehen – wenn es denn überhaupt so weit kommt.

Wie viel Zeit verbringen Sie pro Woche mit Computerspielen?
Können Sie das Gelesene bestätigen oder erleben Sie es anders?

____

____

____

Kluge Mediennutzung

Allgemeingültige Empfehlungen für den Umgang mit neuen Medien zu geben, ist kaum möglich. Zu unterschiedlich sind die individuellen Nutzungsmöglichkeiten, zu speziell die jeweiligen beruflichen und privaten Situationen. Eines allerdings lässt sich mit Gewissheit sagen: Ein Totalverzicht ist praktisch nicht umsetzbar. Denn auf Vorteile und Erleichterungen, die uns Smartphone und Co. tagtäglich bringen, wird keiner mehr ernsthaft verzichten wollen oder können. Aber wir stehen den neuen Medien natürlich nicht hilflos gegenüber. Wir können (wieder) lernen, sie konzentrationsgerecht und sinnvoll zu nutzen, sie zu beherrschen, statt uns von ihnen beherrschen zu lassen.

Neue Medien beherrschen, statt sich von ihnen beherrschen zu lassen

Neue Medien konzentrationsgerecht nutzen
1. Bescheid wissen 2. bewusst nutzen 3. reduzieren

1. Bescheid wissen

Zunächst ist es erforderlich, sich über die Gefahren und Nebenwirkungen der neuen Medien zu informieren und sich dieser bewusst zu werden, was Sie ja teilweise schon durch die Lektüre dieser Seiten machen.

2. Bewusst nutzen

Plakativ gesprochen heißt das: Erst den Kopf einschalten, dann das Smartphone – oder die Spielkonsole oder was immer an neuen Medien genutzt werden soll. Wenn wir uns darüber beklagen, dass uns das Smartphone mit seiner Unterbrechungslogik unsere Konzentrationsfähigkeit zunichtemacht, kann das ja auch daran liegen, dass wir uns diesem Gerät weitgehend widerstandsfrei ausliefern. Früh um 6 Uhr weckt uns die Alarmfunktion des Handys, und noch

Erst den Kopf einschalten, dann das Gerät

schlaftrunken geht der erste Blick auf die Statuszeile: drei neue SMS, sieben E-Mails. Nicht wenige lassen sich nachts sogar vom Klingeln wecken und reagieren sofort. Das muss nicht sein!

Unbestritten können die neuen Medien unseren Alltag erleichtern, uns Arbeit abnehmen, für Zerstreuung und Unterhaltung sorgen, sogar – wie oben bei den Computerspielen erläutert – in bestimmten Grenzen die Fähigkeit zur Konzentration fördern, wenn wir sie bewusst und überlegt einsetzen. Auch hier gilt es wieder, sich diesen Umstand erst einmal klar vor Augen zu führen: Wir haben die Nutzung selbst in der Hand, wir können auch abschalten … und uns überlegen, ob und wann wir einschalten!

3. Reduzieren

Zeitweises Abschalten fördert die Konzentration

Verringern Sie die Nutzungsintensität – nicht im Sinne völliger Entsagung, sondern durch zeitweise Beschränkungen. Die US-amerikanische Psychologin und Soziologin Sherry Turkle spricht von »smartphonefreien Zonen«: im Esszimmer (vor allem am Esstisch), in der Küche.[85] Genauso könnte auch der (häusliche) Arbeitsplatz immer wieder mal zur »medienfreien« Zone erklärt werden – nur für eine halbe oder eine Stunde am Tag vielleicht. Wer einmal erlebt hat, wie viel in einer solchen Zeit erledigt werden kann, wenn wirklich mal kein Statuscheck bei Facebook, keine SMS, kein Anruf und auch keine E-Mails stören, wird wahrscheinlich immer wieder auf dieses einfache Mittel zur Konzentrationssteigerung zurückgreifen.

Im beruflichen Umfeld spielt allerdings die Haltung des Arbeitgebers zu derartigen temporären Auszeiten eine wichtige Rolle. Unternehmen, die die ständige Erreichbarkeit zur Unternehmensphilosophie erhoben haben und die Qualität der Arbeit an der Schnelligkeit, mit der auf eine E-Mail geantwortet wird, messen, sind eher nicht hilfreich. Dann, so Sherry Turkle, »können Sie alles vergessen«.[86] Erfreulicherweise erkennen immer mehr Unternehmen die Bedeutung ungestörter Arbeitszeiten (vgl. Kapitel 3).

Und dann gibt es auch noch die für manchen sicher ultimative Herausforderung: eine längere medienfreie Zeit, ein paar Tage vielleicht oder sogar Wochen. Interessanterweise kommt ein solcher neuer Trend eines »Digital Detox Retreats« ausgerechnet aus dem kalifornischen Silicon Valley. Im Camp Grounded unterziehen sich die Teilnehmer in freier Natur einer Abstinenzkur, bei der sie sämtliche digitalen Geräte abgeben müssen. Auch in Deutschland kann man solche Erfahrungen machen und seine Wahrnehmung neu schulen, zum Beispiel im rheinland-pfälzischen Kloster Haftelhof.

Doch auch ein Urlaub eignet sich dafür besonders gut. Das mag für manche vielleicht erst einmal unvorstellbar sein und in den ersten Tagen wird sich möglicherweise ein unerträgliches Gefühl der Unruhe einstellen. Wir sind es gewohnt, diese Langeweile zu überbrücken, mit einem Blick auf aktuelle Posts, mit dem kurzen Kick eines Videospiels, einmal Durchzappen am Fernseher. Zu lernen, ein solches Impuls-Vakuum wieder auszuhalten, und diese Zeit vielleicht sogar kreativ zu nutzen, ist ein längerer Prozess, der nicht nur Kindern schwerfällt. Und auch wenn am Ende einer solchen medienfreien Zeit die Schlussfolgerung steht, dass es halt doch nicht ganz ohne geht – für den einen oder anderen mag die Erkenntnis wertvoll sein, dass wir nicht in dem Umfang abhängig sind von neuen Medien, wie viele glauben, dass die reduzierte Nutzung sehr wohl möglich ist – und dass die gewonnene Zeit für wertvolle andere Tätigkeiten zur Verfügung steht.

Folgende Empfehlungen könnten Ihnen helfen, dem Griff der Medien zu entkommen:

7 Tipps zur Reduktion der digitalen Medienherrschaft

1. Machen Sie Medienpausen (Handy-Aus-Zeiten) und schaffen Sie »smartphone-freie« Zonen (vor allem: medienfrei schlafen!).
2. Checken Sie Ihre E-Mails nur drei- bis viermal täglich.
3. Schalten Sie bei Gesprächen das Handy stumm oder aus.
4. Entrümpeln Sie Ihren Bildschirm. Löschen Sie Apps, die Sie nicht wirklich brauchen.
5. Schauen Sie zur Zeitkontrolle wieder auf die Armbanduhr, nicht aufs Handy.
6. Dokumentieren Sie die Zeit, die Sie mit Ihren digitalen Medien verbringen.
7. Machen Sie ab und an eine »digitale Abstinenzkur«, ein »Digital Detox Retreat«.

Haben Sie täglich medienfreie Zeiten? Wie viele Stunden?
Gibt es in Ihrem Haus medienfreie Zonen? Wo?
Gönnen Sie sich auch mal längere medienfreie Auszeiten?
Wie viele Tage im Jahr?

Und was die Erziehung unserer Kinder betrifft: Sherry Turkle weist auf einen weiteren wichtigen Punkt hin: Im Verhältnis von Eltern und ihren Kindern sind es häufig nicht die Kinder, deren übermäßige Nutzung neuer Medien Probleme bereitet. »In Wahrheit sind die Eltern ein großer Teil des Problems«, sagt Turkle.[87] Sie seien oft so fest in der Hand der Medienwerkzeuge, dass ein Gespräch zwischen Eltern und Kindern nicht mehr zustande kommt. Den Kindern die Nutzung neuer Medien als Erziehungsmaßnahme zu verbieten, erscheint wenig wirkungsvoll, wenn schon die Eltern nicht davon loskommen.

Aus diesem Grund scheinen auch Verbote für Kinder wenig sinnvoll zu sein. Wer den Weg des Verbots geht, verhindert, dass Kinder Medienkompetenz entwickeln und lernen, verantwortungsbewusst mit den neuen Medien umzugehen. Wie so häufig bei Verboten gilt auch hier: Der Kontakt mit den neuen Medien wird sich auf Dauer nicht unterbinden lassen (es sei denn, Sie lassen Ihre Kinder auf einer abgelegenen Berghütte aufwachsen), und was verboten ist, entfaltet ja meist einen besonders großen Reiz. Kinderpsychologen empfehlen:

Tipps für Eltern

1. Achten Sie darauf, was Ihre Kinder spielen – vor allem auch auf die Altersfreigabe.
2. Lernen Sie die Spiele Ihrer Kinder kennen, am besten: Spielen Sie mit. Dann können Sie auch aus eigener Erfahrung mitreden.
3. Leben Sie den vernünftigen Umgang mit neuen Medien vor. Lassen auch Sie zu bestimmten Zeiten mal Ihr Handy aus. Und vor allem: Lassen Sie nicht zu, dass die Medien Sie von Gesprächen mit Ihren Kindern abhalten oder sie unterbrechen. Die Kinder haben Vorfahrt.
4. Begrenzen Sie die Spielzeit mittels Sinneinheiten – nicht durch Zeiteinheiten: Lassen Sie Ihr Kind das Spiel dann beenden, wenn eine bestimmte Aufgabe erledigt ist (so wie man beim Lesen auch lieber nach einem Kapitel aufhört – und nicht mitten im Satz).
5. Achten Sie auf »mediale Mischkost« aus TV, Computer, Spielekonsole – aber eben auch Lesen und reales Spielen.

ZUSAMMENFASSUNG

1. Mittlerweile scheinen die digitalen Medien unser Leben zu beherrschen. Infolge Hyperkonnektivität und ständiger Erreichbarkeit geraten manche schon in einen »digitalen Burnout«.
2. Die Zahl der Handy-Süchtigen und problematischen User geht auch in Deutschland in die Millionen. Durchschnittlich werden fast drei Stunden täglich am Handy verdaddelt.
3. Die ständigen Ablenkungen mindern unsere Konzentrationsfähigkeit. Das kurzfristige »Handyglück« scheint wahres Lebensglück zu beeinträchtigen.
4. Das ständige Hin und Her zwischen realer und virtueller Welt hindert uns daran, uns ganz auf eine Situation einzulassen.
5. Geistige Kernkompetenzen wie das Lesen längerer Texte gehen vor allem bei Schülern immer mehr verloren. Die dem Internet immanenten Unterbrechungs- und Zerstreuungseffekte sind das Gegenteil konzentrierter Lerntätigkeit.
6. Computerspiele können zwar die visuelle Aufmerksamkeit verbessern, die Entscheidungsgeschwindigkeit steigern, die Wechselgeschwindigkeit zwischen geistiger Tätigkeit erhöhen – doch sie fördern nicht die Fähigkeit, bei einer Sache zu bleiben.
7. Die Konzentrationsart, die Computerspiele fordern, ist eine, die von der Reaktion auf ständige Veränderungen geprägt ist – nicht die, die sich auf einen kontinuierlich weiterentwickelnden Informationsgehalt bezieht.
8. Einige Videospiele können therapeutisch genutzt werden, z. B. bei autistischen Kindern, bei AD(H)S und auch bei Gedächtnisverlust oder Demenz.
9. Um die neuen Medien sinnvoll zu nutzen, ist es wichtig …
   (1) sich über ihre Gefahren und Nebenwirkungen zu informieren,
   (2) sie bewusst zu nutzen und
   (3) ihren Gebrauch zu reduzieren.
10. Hilfreich sind medienfreie Zeiten und Zonen, nur drei- bis viermal täglich E-Mails checken und womöglich sogar eine digitale »Abstinenzzeit«.
11. Achten Sie darauf, was Ihre Kinder spielen, spielen Sie mit, begrenzen Sie die Spielzeiten und vor allem: Leben Sie einen vernünftigen Umgang mit den Medien vor.

10. Pillen für die Konzentration

Als Corinna morgens in die Küche kam, sah Michael, ihr WG-Mitbewohner, sofort, dass etwas mit ihr nicht stimmte. Blass, mit Augenringen und völlig nervös machte sie sich an der Kaffeemaschine zu schaffen. »Sag mal, was ist denn mit dir passiert?«, fragte Michael erschrocken. Sie hob die Schultern, sah ihn fast verzweifelt an und berichtete, dass sie heute doch ihre Abschlussprüfung habe, von der so viel für sie abhinge (so viel wusste er schon), und dass sie sich gestern Abend so schlimm mit ihrer Mutter gestritten hätte, dass sie die ganze Nacht nicht geschlafen habe. Nun sei sie völlig fertig, todmüde und wisse gar nicht, wie sie sich auf die vierstündige Klausur konzentrieren könne. »Das schaffe ich nie! Eigentlich will ich nur noch schlafen!« Michael sah sie nochmals kurz an, zögerte einen Augenblick, dann zog er aus seinem Küchenfach eine silberne Schachtel heraus und gab ihr eine Pille mit den Worten: »Nur für heute, große Wirkung ohne Nebenwirkung. Nimm die und du wirst für deine Prüfung hellwach sein und dich voll konzentrieren können!« Und in der Tat, nach kurzer Zeit fühlte sich Corinna wieder fit und konnte ihre Arbeit wach und konzentriert zu Papier bringen. – »Was war das?«, wollte sie abends von Michael wissen. »Gehirndoping – aber ganz legal und ganz harmlos!«

Haben Sie auch schon mal Pillen geschluckt, um sich fitter zu fühlen und konzentrierter arbeiten zu können?
Oder zumindest den Wunsch gehabt, mit so einer Wunderpille nachzuhelfen?

Legales Gehirndoping?

Fiktion oder Realität? Gefährlich oder harmlos? Was hat es mit dem immer häufiger auftauchenden und schillernden Begriff des sogenannten »Gehirndopings« auf sich? Gibt es so etwas wie Konzentration aus der Dose?

Zunächst scheint es sinnvoll, die Bezeichnung »Gehirndoping« fallenzulassen, da aus dem Sportbereich das Doping mit der Nutzung illegaler Mittel negativ assoziiert wird, während es nicht verboten ist, als gesunder Mensch bestimmte Medikamente zur Steigerung der geistigen Leistungsfähigkeit einzunehmen. Neutraler ist jedoch die in Fachkreisen gebräuchliche Bezeichnung »Neuro-Enhancement« (vom Englischen »to enhance« = »aufwerten«). Oder man spricht einfach nur von Mitteln zur Verbesserung der Konzentration.

20 bis 25 Prozent nutzen Pillen zur Konzentrationssteigerung im Studium und am Arbeitsplatz

Der Gebrauch dieser Mittel hat in letzten Jahren deutlich zugenommen, vor allem von Angestellten am Arbeitsplatz und Studierenden in Prüfungsphasen. Laut einer Studie der Krankenkasse DAK aus dem Frühjahr 2015 nutzen etwa drei Millionen Bundesbürger am Arbeitsplatz solche Medikamente, und bis zu 20 Prozent aller befragten Studenten gaben an, solche Mittel einzusetzen.[88] In den USA sollen sogar über 25 Prozent aller Studierenden Pharmaka zur geistigen Leistungssteigerung nutzen. Doch die statistische Häufigkeit mag für Sie vielleicht gar nicht relevant sein. Entscheidend sind letztlich drei Fragen: Um welche Mittel handelt es sich, was bewirken sie und welche Risiken sind damit verbunden?

Angebot und Folgen

Im Wesentlichen handelt es sich dabei um zwei Wirkstoffe beziehungsweise Präparate: zum einen um Methylphenidat (der Wirkstoff des ADHS-Medikaments Ritalin) und um Modafinil (auch als Provigil bekannt).

- Ritalin steigert zunächst nachgewiesenermaßen die Konzentrationsfähigkeit von Kindern, die unter ADHS, dem sogenannten Aufmerksamkeits-Defizits-(und Hyperaktivitäts-)Syndrom leiden. Ob es auch wirklich die Leistungsfähigkeit von gesunden Menschen steigert, die normalerweise keine Konzentrationsschwierigkeiten haben, ist noch nicht hinreichend erforscht. Nach einer Analyse der Professorin Isabella Heuser, Direktorin der Klinik für Psychiatrie und Psychotherapie an der Charité in Berlin, soll Ritalin auch bei gesunden Menschen vorübergehend die Konzentration verbessern, allerdings keine anderen maßgeblichen leistungssteigernden Effekte haben. Vereinzelte Hinweise deuten auf eine Optimierung des Arbeitsgedächtnisses hin. Zumindest aber schätzen viele Probanden subjektiv ihre kognitive Leistungsfähigkeit als deutlich verbessert ein. Die Wirkung des Medikaments beruht primär darauf, dass der Botenstoff Dopamin im Gehirn verstärkt wird und das Gehirn dadurch aktiver zu werden scheint (wie Bilder aus funktionellen Magnetresonanztomografen zeigen).

- Modafinil ist seit 1992 auf dem europäischen Markt und wird in der Medizin zur Behandlung krankhafter Schlafattacken (Narkolepsie) eingesetzt. Schon länger wird es auch von Gesunden genommen, die sich danach (nach eigenen Angaben) wacher, leistungsfähiger und fokussierter fühlen. Kürzlich wurde in der Fachzeitschrift *European Neuropsychopharmacology* eine umfassende Studie der Neurowissenschaftler Ruairidh Battleday und Anna-Katharine Brem von der Oxford University veröffentlicht, die ergab, dass Modafinil tatsächlich das strategische Denken und die Entscheidungsfähigkeit der Probanden verbesserte.[89] Je komplexer die Aufgabe, desto deutlicher die Wirkung. Allerdings betonte die Studie auch zwei Einschränkungen: Zum einen wirke es kaum bei Menschen, die von sich aus schon besonders intelligent sind und sich leicht konzentrieren können. Zum anderen verbessere es primär nur das sogenannte *konvergente* Denken, bei dem es vor allem um logische und rationale Schlussfolgerungen geht. *Divergentes*, kreatives, flexibles Denken werde dagegen nicht verbessert. Für juristische, mathematische oder finanzwirtschaftliche Aufgaben mag es also eher förderlich sein als für innovative oder andere kreative Projekte. Die Wirkung von Modafinil beruht primär auf der Unterdrückung des Schlafbedürfnisses (auch bei Gesunden) durch Beeinflussung des schlafregulierenden Hormons Orexin. Außerdem scheint es ebenfalls die Wirkung von Dopamin zu verstärken und das Belohnungssystem im Gehirn zu aktivieren.

Leistungssteigernde Mittel	
Ritalin	**Modafinil**
oder: Methylphenidat ursprünglich: ADHS-Medikament	oder: Provigil ursprünglich: zur Behandlung von Narkolepsie
Wirkungsweise: Dopaminwirkung im Gehirn wird verstärkt und das Gehirn aktiviert	Wirkungsweise: Beeinflussung von Orexin und Verstärkung der Dopaminwirkung im Gehirn
Wirkung bei Gesunden • vorübergehende Konzentrationssteigerung • subjektive Verbesserung der Leistungsfähigkeit	Wirkung bei Gesunden • größere Wachheit • größere Leistungsfähigkeit • bessere Konzentration • verbessert konvergentes, nicht aber divergentes Denken
nur auf Rezept	Kosten ca. € 60,00/20 Tabletten

Schädliche Nebenwirkungen sind bei beiden Medikamenten bisher nicht bekannt, ebenso scheint das Abhängigkeitspotential sehr gering zu sein (anders als bei einem anderen Neuro-Enhancer, dem Nikotin).

Die Bedenken bedenken

Fazit: Man kann heute in bestimmten Situationen seine Konzentrationsfähigkeit mit Tabletten steigern. Falls Sie das vorhaben sollten, so gilt bitte wie immer (Sie kennen das sicherlich aus der Fernsehwerbung): »Zu Risiken und Nebenwirkungen fragen Sie Ihren Arzt oder Apotheker.« Und außerdem sollten Sie auch noch folgende Bedenken bedenken:

- Langzeitfolgen und Nebenwirkungen dieser Medikamente sind noch nicht endgültig erforscht.
- Es handelt sich um Medikamente, die für Kranke entwickelt und eingesetzt werden. Doch während sie bei Kranken den Normalzustand herstellen sollen, führt ihr Einsatz bei Gesunden zu einem anormalen Zustand. Daher sollte man den Einsatz auch auf besonders schwierige (anormale) Situationen beschränken.
- Viele Wissenschaftler sehen außerdem die Gefahr, solche Neuro-Enhancer könnten einen sozialen Druck erzeugen und auch jene zur Einnahme solcher Mittel zwingen, die eigentlich eine künstliche Leistungssteigerung ablehnen. Solche Tendenzen zeigen sich schon an einigen US-amerikanischen Universitäten und in einigen Fällen auch am Arbeitsplatz.
- Auf Dauer könnten diese Präparate vielleicht sogar die Persönlichkeit eines Menschen verändern. Zumindest ist das der Tenor eines Films über einen Modafinil-Selbstversuch, der auf YouTube zu sehen ist (bit.ly/1V6X1l0). Hier wird gezeigt, wie der Reporter Steve durch Einnahme von Modafinil immer mehr zum Musterknaben und mit der Zeit immer ernster wird und sich fast nur noch auf seine Aufgaben und Belange konzentriert. Sein Kollege sieht ihn nur noch als ein nach außen abgeschottetes Arbeitstier, und hinterher fragt sich Steve

selbst: »Wofür soll das gut sein, wenn man nicht mehr man selbst ist?« Jedenfalls würde er diese Smart-Pills nicht noch einmal schlucken. Überzogen? Vielleicht, aber zu bedenken![90]

ZUSAMMENFASSUNG

1. Neuro-Enhancement steht für Mittel zur Verbesserung der Konzentration – oft auch Gehirndoping genannt (allerdings ist es – anders als Doping im Sportbereich – völlig legal).
2. Die beiden wichtigsten Medikamente zur Steigerung der geistigen Leistungsfähigkeit sind Methylphenidat (Ritalin) und Modafinil (auch Provigil genannt).
3. Methylphenidat (Ritalin), ursprünglich ein ADHS-Medikament, verstärkt die Dopaminwirkung im Gehirn, steigert vorübergehend die Konzentration und verbessert subjektiv die Leistungsfähigkeit.
4. Modafinil (Provigil), ursprünglich zur Behandlung von Narkolepsie, beeinflusst Orexin und verstärkt die Dopaminwirkung im Gehirn und bewirkt größere Wachheit und Leistungsfähigkeit, bessere Konzentration und verbessert logisch-rationales, nicht aber kreatives Denken.
5. Bisher sind bei beiden Medikamenten keine schädlichen Nebenwirkungen bekannt, ebenso wenig Abhängigkeiten, doch sind die Langzeitfolgen noch nicht endgültig erforscht.

11. Konzentration in der Wirtschaft

Will man etwas über die Bedeutung der Konzentration in Wirtschaftsunternehmen herausfinden, lohnt es sich, die Entwicklungsgeschichte des finnischen Telekommunikationskonzerns Nokia näher zu beleuchten. Über Jahre oder gar Jahrzehnte stand Nokia vor allem für ein Produkt: Mobiltelefone. Wer eines suchte, konnte bei Geräten dieser Marke nichts falsch machen, Nokia war viele Jahre lang der größte Handyhersteller der Welt[91], und noch heute hört man auf vielen modernen Smartphones ein Relikt aus dieser Zeit – den Klingelton »Nokia-Tune«. Als Nokia 1996 den »Nokia 9000 Communicator« auf den Markt brachte, war der Begriff des Smartphones noch nicht erfunden (oder zumindest noch nicht sehr populär) und dennoch war der Communicator genau das: ein Handy, das neben der reinen Telefonfunktion auch E-Mails, SMS und MMS versenden konnte, einen Internetzugang hatte und mittels zahlreicher Programme einem kleinen transportablen PC recht nahe kam. Das Gerät war etwas schwer geraten (was zu dem bekannten Spitznamen »Ziegelstein« führte), aber es entwickelte sich schnell zu einem Statussymbol für Manager und Liebhaber technischer Spielereien. Bis zum Jahr 2008/2009 wurde das Gerät kontinuierlich weiterentwickelt und es dürfte nicht allzu vermessen sein, wenn man behauptet, dass die Entwicklungsschritte in den letzten Jahren haarscharf an den Bedürfnissen des Marktes vorbeiführten.

Dr. Bernhard von Mutius, Experte zu den Themen Zukunft, Innovation und Disruptive Thinking, hält in seinen Vorträgen manchmal einen Communicator hoch und fragt, wer vor 15 Jahren einen besessen hat – das sind meist eine ganze Menge der Zuhörer. Die nächste Frage lautet dann: »Und heute?« Da bleiben die Meldungen aus. Und die Begründung ist denkbar einfach: Wer heute ein Handy oder Smartphone kaufen will, sucht vergebens nach der Marke Nokia. Auf dem Gebrauchtmarkt bekommt man sie noch, aber neu? Was ist da passiert?

Bewährtes oder Neues?

Natürlich ist bekannt, was da passiert ist: Nokia mag der erste Anbieter am Markt gewesen sein, der ein den heutigen Smartphones ähnliches Gerät entwickelte, aber ganz ähnlich wie RIM (Research in Motion), der Hersteller der bekannten Blackberry-Geräte, unterschätzte Nokia den immensen Einfluss des 2007 erstmals vorgestellten iPhone von Apple. Es gab ein paar wichtige Neuerungen, die auf den ersten Blick nicht allzu revolutionär aussahen: Die Übertragungstechnik war moderner, die Softwareplattform ermöglichte innovativere Programme, iPhones erhielten schnell den Nimbus leichter Bedienbarkeit, und vor allem natürlich: der Touchscreen. Nokia und RIM hielten lange an der bewährten Tastatur fest, auf die sie besonders stolz waren. Beide Hersteller – Nokia wie RIM – hatten eine Strategieentscheidung getroffen, die ihnen zum Verhängnis werden sollte und im Falle Nokias schließlich dazu führte, dass die Handysparte komplett aufgegeben werden musste. Man könnte aber auch sagen: Beide Unternehmen haben sich auf das Falsche konzentriert.

Konzentration auf Bekanntes und Bewährtes = Sicherheit & Gefahr

Nokia und RIM richteten ihre Aufmerksamkeit auf die vorhandenen, zweifelsohne guten und zunächst auch erfolgreichen Produkte. Sie entwickelten sie behutsam weiter, ohne dabei aber echte Innovationen ins Auge zu fassen. Sie richteten die Konzentration nicht »auf die nächste Neuerung, sondern auf das alte neue Objekt«[92], das ausgebeutet wird. Das kann eine Zeit lang gutgehen, denn diese Form der Konzentration führt zunächst zu betriebswirtschaftlich durchaus vernünftigen Ergebnissen: Die eingeführten Produkte sind häufig »Cashcows« mit hohen Margen und längst eingespielten Innovationskosten. Das Problem dabei ist nur: Diese Form der Konzentration trägt die Gefahr in sich, notwendige Innovationen schlicht zu verpassen. Die Hightech-Branche mit ihren extrem kurzen Produktzyklen mag dafür besonders anfällig sein, aber letztlich ist jedes Unternehmen davon betroffen. Wer den Fokus ausschließlich auf das Bekannte und Bewährte richtet, bemerkt den Wandel anfangs gar nicht. Wenn er bemerkt wird, wird er für vernachlässigbar gehalten. Und wenn schließlich die Erkenntnis reift, dass es Zeit wäre, gegenzusteuern, ist die Zeit, die dafür notwendig wäre, meist schon vorüber.[93]

Konzentration auf Neues = Risiko & Chance

Das genaue Gegenteil zu dieser Strategie des Bewahrens und Ausbeutens stellt der Weg des Erkundens dar – es ist die Strategie von Apple als häufig zitiertes, aber natürlich nicht einziges Beispiel. Unternehmen, die erkunden, sind experimentierfreudig und suchen innovative Alternativen zu den vorhandenen Produkten. Dabei ist manchmal das Produkt an sich gar nicht die eigentliche Innovation, sondern die Idee dahinter. Als der Nähmaschinenhersteller Singer um 1875 in den USA antrat, den Nähmaschinenmarkt zu beherrschen, war es nicht so sehr die Maschine als solche, die einschlug, sondern die damals revolutionäre Annahme, dass Frauen selbstständig eine mechanische Maschine bedienen können. Diese Vision schlug ein und machte Singer über Jahrzehnte zum Marktführer.[94]

Nun führen allerdings beide Wege für sich genommen nicht automatisch in den Untergang oder zum Erfolg. Dauerhaft erfolgreiche Unternehmen allerdings fahren häufig einen Mittelweg:

- Sie nutzen das, was gut läuft, versuchen, die Effizienz zu steigern und die Leistung zu verbessern, und beuten so aus, was hohe Renditemargen verspricht.
- Gleichzeitig lösen sie sich von den bekannten Pfaden, um den Blick zu weiten und auf Neues zu richten, und entwickeln aus

den Erkenntnissen dieses Innovationsprozesses ihre Produkte weiter.

Wollte man dieses Nebeneinander zweier Ziele der Konzentration bildlich darstellen, dann könnte man wieder das schon aus dem 5. Kapitel bekannte 9-Punkte-Modell heranziehen:

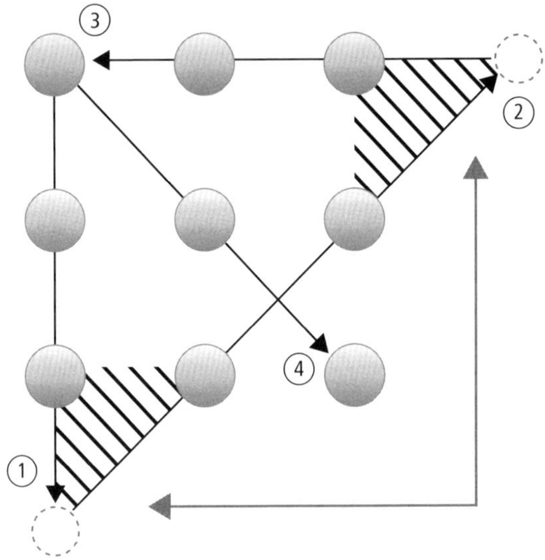

Der Bereich des Bekannten, die Konzentration auf die »alten neuen Objekte«: Das findet sich innerhalb des Quadrates, das durch die neun Punkte beschrieben wird. Aber der interessantere und gewinnversprechende Bereich, das sind mal wieder die zwei diagonal gestreiften Dreiecke. Sie stehen für die Konzentration auf das Neue, für das Erkunden neuer Möglichkeiten, für die nächsten Schritte zum anhaltenden Erfolg. Freilich ist dieser Bereich auch risikoreicher – die Erkundung neuer Möglichkeiten eröffnet Chancen, Sicherheit gibt es dort nicht.

Die Frage, wie diese beiden Bereiche sich zueinander verhalten, stellt möglicherweise die Kernfrage unternehmerischer Strategiefindung dar. Richtig zu erkennen und zu steuern, wie viel Energie jeweils in das Bewahren und das Erkunden investiert werden soll, stellt eine der wichtigsten unternehmerischen Kernkompetenzen dar, und natürlich basiert viel bei dieser Entscheidung auf dem richtigen Zahlenmaterial, einer fundierten Marktbeobachtung und einem engen Austausch mit allen Abteilungen und Mitarbeitern. Aber am Ende wird es wohl auch immer ein wenig auf das »Bauchgefühl« ankommen.

Unternehmerische Strategiefindung: eine Frage der Konzentration

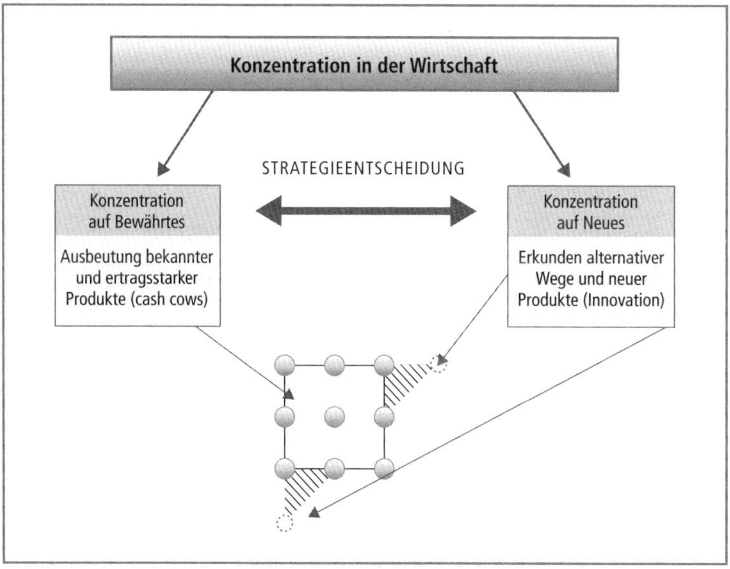

Der Wettstreit zwischen Nokia und Apple scheint entschieden zu sein – im Moment zumindest. Was aber nicht vergessen werden sollte: Apples Führungsrolle ist nicht naturgegeben. Als Steve Jobs 1997 nach rund 13 Jahren zu Apple zurückkehrte, gab es dort viel, was bewahrt wurde – und nur sehr wenig Innovation.[95] Die Produktpalette war extrem breit, es sah eher nach Diversifikation denn nach Konzentration aus. Und auf der anderen Seite: Nokia stellt nicht seit ewigen Zeiten Elektrogeräte her. Ursprünglich Papierhersteller, kamen zu Beginn bis zur Mitte des 20. Jahrhunderts Gummierzeugnisse wie Fahrradreifen und Gummistiefel hinzu – von dort bis zum Communicator hat es sicher mehr als einmal intensiver Konzentration auf Neues bedurft.[96] Und möglicherweise gelingen solche Anstrengungen ja auch in Zukunft – Nokia jedenfalls will, das besagen zumindest Presseberichte, wieder im Handy-Markt einsteigen. Es bleibt also spannend.

Der Mensch im Mittelpunkt

Neben der Konzentration auf die Innovation – und damit auf das Produkt – geht es in Zukunft in der Wirtschaft immer mehr um die Konzentration auf den Menschen. Lange Zeit hat man das einseitig als die Konzentration auf den Kunden, der sogenannten Customer Centricity oder Kundenorientierung verstanden, doch in den kommenden Jahren wird der Mitarbeiter eine immer wichtigere Rolle spielen. Neben die Customer Centricity muss die Employee Centricity treten. Der Mitarbeiter wird vom reinen Produktionsfaktor zum mitentscheidenden Erfolgsfaktor der Unternehmen. Nach derzeitigen Schätzungen wird die demografische Entwicklung dazu führen, dass in Deutschland bis 2030 fünf bis acht Millionen Fachkräfte fehlen werden. Der »War for Talents«, der Wettbewerb um die besten Köpfe, wird sich rasant verschärfen und nur die Unternehmen werden gewinnen, die sich effektiv auf ihre Mitarbeiter konzentrieren. Es geht um die »Neuentdeckung des Mitarbeiters als ersten Kunden in der digitalen Welt«, um die »Neuentdeckung des Individuums im Business« – so eine der Kernthesen des kürzlich erschienen Bestsellers des Erfolgsautors und Business-Coaches Edgar Geffroy und der Dell-Geschäftsführerin Doris Albiez: *Herzenssache Mitarbeiter*. Nur wer den Mitarbeiter zum Mittelpunkt der Geschäftsstrategie und des Managementprozesses macht, wird langfristig erfolgreich sein. Die Unternehmen müssen für ihre Mitarbeiter attraktiver werden, vor allem »den Erwartungen der jungen qualifizierten Nachwuchskräfte mehr bieten als nur Karrierechancen und ein gutes Gehalt«. Hierzu gehören vor allem:

- ein attraktives Arbeitsumfeld
- Aufgaben, die den Mitarbeiter gut fordern, ohne ihn zu überfordern (sodass Flow-Erfahrungen ermöglicht werden)
- flexible Arbeitszeiten und die Möglichkeit, auch zu Hause zu arbeiten – bei gleichzeitiger Vermeidung von »Feierabend- und Wochenendrufbereitschaft« via Handy oder E-Mail
- Maßnahmen für eine gute Work-Life-Balance einschließlich entsprechender innerbetrieblicher Angebote
- Möglichkeiten zu selbstständiger Arbeitsgestaltung, Eigenverantwortung und Selbstverwirklichung
- Angebote und Investitionen in Weiterbildung und Förderung der Kreativität der Mitarbeiter
- Rücksichtnahme auf individuelle Lebensziele der Mitarbeiter
- Unterstützung, Wertschätzung und Anerkennung
- und wirklich: Spaß an der Arbeit … Arbeit als »Quality-Time«

Was erwarten Sie von einem guten Arbeitsplatz?

Bzw.: Was tun Sie als Unternehmer für Ihre Mitarbeiter?

Viele Wirtschaftsexperten haben erkannt: Nur Unternehmen, die ihre Konzentration auf Innovation *und* den Menschen, nämlich die Mitarbeiter, richten, werden zu den Gewinnern zählen.

ZUSAMMENFASSUNG

1. Zunehmend wichtige Faktoren in der Wirtschaft der Zukunft sind die Konzentration auf Innovation und die Konzentration auf den Menschen.
2. Konzentration auf Bekanntes und Bewährtes erscheint wohl im Augenblick sicherer, doch besteht die Gefahr, von innovativeren Mitbewerbern überholt zu werden.
3. Konzentration auf Innovation ist zwar mit einem größeren Risiko behaftet, doch auch mit der Chance auf Erfolge mit neuen Produktideen.
4. Optimal ist die Kombination beider Strategien: die maximale Ausbeutung etablierter und ertragreicher Produkte und gleichzeitig die Erkundung alternativer Produkte.
5. Dazu gilt es, immer wieder den gewohnten Bereich innerhalb der eigenen »9 Punkte« zu verlassen, von »außen« die eigenen Produkte, Strukturen und Marketingstrategien zu hinterfragen und neue Wege zu gehen.
6. Bei der Konzentration auf den Menschen wird neben der Konzentration auf den Kunden in Zukunft die Fokussierung auf den Mitarbeiter immer wichtiger.
7. Der Mitarbeiter wird zum mitentscheidenden Erfolgsfaktor für Unternehmen. 2030 werden allein in Deutschland circa fünf bis acht Millionen Fachkräfte fehlen. Nur wer den Mitarbeiter zum Mittelpunkt des Managementprozesses macht, wird langfristig erfolgreich sein.
8. Erforderlich sind unter anderem ein attraktives Arbeitsumfeld, flexible Arbeitszeiten und Orte, Work-Life-Balance-Angebote, selbstständige Arbeitsgestaltung, Weiterbildungsmöglichkeiten, Herausforderungen im Rahmen der persönlichen Fähigkeiten, Wertschätzung und Spaß an der Arbeit.

Und zum Schluss

War's das dann zum Thema Konzentration?

Mit Sicherheit nicht! Es hätte ja auch ein 400-Seiten-Buch werden können; dann stünde der Inhalt allerdings im Widerspruch zum Titel. Die Herausforderung war, mich auf das Wesentliche zum Thema zu konzentrieren. Ob mir das gelungen ist, mögen Sie entscheiden. Viel wichtiger ist jedoch, dass Sie sich nur auf die wenigen Aspekte konzentrieren, die tatsächlich Ihr persönliches Leben betreffen, um diese dann in Ihrem Alltag umzusetzen. Wenn Ihnen das gelingt und Ihr Leben damit leichter, effizienter und konzentrierter wird, dann hat es sich gelohnt, dass ich das Buch geschrieben und Sie es gelesen haben.

Viel Erfolg auf dem Weg zu einem Leben mit mehr Konzentration wünscht Ihnen

Ihr
Marco von Münchhausen

33 Konzentrations-Tipps zum Abschluss

1. Machen Sie sich bewusst, bei welchen Tätigkeiten Sie voll konzentriert sind.

2. Notieren Sie sich einmal über drei Tage lang, wie oft und wie lange Sie während Ihrer Arbeit unterbrochen werden – und wodurch! Achten Sie dabei auch auf Störungen von innen.

3. Schaffen Sie sich störungsfreie Zeiten (no phone – no mail – no entry). Schon ein bis zwei Stunden täglich können viel bewirken.

4. E-Mails nur zwei- bis dreimal täglich checken.

5. Schaffen Sie sich auch darüber hinaus handyfreie Zeiten und Zonen der Unerreichbarkeit.

6. Um sich zu konzentrieren, brauchen Sie (1) eine klar definierte Aufgabe (2) im Rahmen Ihrer Fähigkeiten und (3) eine gute Abschirmung von Störungen.

7. Konzentration im Stress ist sehr schwer! Entspannen Sie erst oder verbrennen Sie durch Bewegung Ihr Adrenalin, dann arbeiten Sie weiter.

8. Nutzen Sie die Wirkung von Musikstücken, die im Gehirn α-Frequenzen erzeugen.

9. Eine Minute Lächeln kann Wunder wirken. Anschließend geht es Ihnen besser.

10. Vermeiden Sie Überforderung und Unterforderung. Suchen Sie immer wieder nach Herausforderungen im Rahmen Ihrer Fähigkeiten.

11. Machen Sie bei Schreibtischarbeit am besten jede Stunde mindestens zehn Minuten Pause!

12. Ersetzen Sie Multitasking durch Monotasking! Sie werden effektiver sein und sich besser fühlen!

13. Am Steuer keine Nachrichten lesen oder schreiben, keine Telefonnummern eingeben und das Navi vor dem Start bedienen.

14. Als Fußgänger Augen nach vorne – nicht aufs Smartphone. Und immer ein Ohr frei haben!

15. Gestatten Sie sich Zeiten der Zerstreuung, in der Sie Ihren Geist frei wandern lassen.

16. Trainieren Sie Ihre Konzentrationsfähigkeit wie ein Sportler seine Muskeln.

17. Nehmen Sie sich täglich 10 bis 20 Minuten für eine kurze Meditation mit aufrechter Sitzhaltung, tiefer Bauchatmung und folgen Sie mit Ihrer Aufmerksamkeit einfach dem Fluss Ihres Atems.

18. Wenn Ihre Gedanken beim Meditieren abschweifen, nehmen Sie dies einfach wahr und kehren Sie zum Gegenstand der Meditation (z.B. den Atem) zurück.

19. Nutzen Sie die Möglichkeiten von Aufmerksamkeitstrainings durch bewusste Wahrnehmung der Gedanken, des Körpers oder Ihrer Handlungen.

20. Trainieren Sie Ihre Konzentrationsfähigkeit durch jede Tätigkeit, bei der Sie mit Ihrer Aufmerksamkeit ganz bei der Sache sind.

21. Machen Sie sich immer wieder Ihre »9 Richtigen« bewusst – am besten einmal täglich! Und jedes Mal, wenn Sie schlechte Laune haben oder ein Problem Sie bedrückt!

22. Wenn Sie sich ärgern, versuchen Sie innerlich zu »zappen« und das »Programm zu wechseln«, beispielsweise zum »Wunderprogramm« – Humor kann viel helfen!

23. Achten Sie beim Telefonieren darauf, wo Sie gerade mit Ihrer Aufmerksamkeit sind. Telefonieren Sie möglichst nicht »nebenbei«: Entweder leidet Ihre Arbeit (am Steuer Ihr Fahrverhalten) oder Ihr Gesprächspartner, weil er nur Ihre geteilte Aufmerksamkeit bekommt.

24. Fragen Sie sich immer wieder: Wo bin ich gerade? Hier oder dort?

25. Lassen Sie bei Gesprächen (in Meetings oder im Restaurant) Ihr Handy aus oder schalten Sie es stumm. Nehmen Sie Telefonate nur im Notfall an und gehen Sie dazu kurz raus.

26. Achten Sie bei Gesprächen nicht nur auf die Sache, sondern auch auf den Gesprächspartner und seine Gefühle.

27. Versuchen Sie den anderen mit seinen Emotionen zu verstehen, vor allem, wenn er/sie sich geärgert hat. Verständnis ist oft der schnellste Weg zu einer Lösung.

28. Konzentrieren Sie sich auch auf die »9 Richtigen« des Gesprächspartners und geben Sie einer einvernehmlichen Lösung Vorrang, statt unbedingt recht behalten zu müssen.

29. Notieren Sie eine Woche lang, wie viel Zeit Sie täglich mit Ihren digitalen Medien, vor allem mit Ihrem Smartphone, verbringen.

30. Ersetzen Sie Zeiten des »kurzfristigen Handyglücks« durch Tätigkeiten, die Sie wirklich erfüllen, auch wenn Sie sich dazu überwinden müssen. Vor allem Lesen führt einen zu sich selbst und steigert nebenbei die Konzentrationsfähigkeit.

31. Nutzen Sie Computerspiele nur in Maßen und begrenzen Sie die Spielzeit bei Ihren Kindern. Kontrollieren Sie die Art der Spiele und am besten: Spielen Sie selbst mit!

32. Nutzen Sie leistungssteigernde Mittel nur in Ausnahmesituationen und konsultieren Sie vorher Ihren Arzt.

33. Konzentrieren Sie sich als Unternehmer immer wieder auf Innovation und auf Ihre Mitarbeiter. Tun Sie alles, um die Arbeitsplätze für Ihr Team attraktiv zu machen.

Anhang

Quellen

1 Goleman, S. 11 f. und S. 19; Ernst S. 23
2 Davidson/Begley, S. 125
3 vgl. Hübl, S. 58
4 Eilenberger, S. 40
5 Goleman, S. 68, 70
6 vgl. Ferrucci, S. 172
7 zit. bei Kullmann, S. 105
8 zit. bei Kullmann, S. 112
9 Ernst, S. 23
10 zit. bei Ernst, S. 24
11 Gloria Mark, Informatikerin der University of California, zit. bei Kullmann, S. 105; ebenso Jürgen von Rutenberg: Fluch der Unterbrechung, zeit.de vom 25.4.2008, S. 2
12 Bei einem BIP-Verhältnis USA : Deutschland von ca. 16.8 : 3,2 Billionen US-$ (2013)
13 Jürgen von Rutenberg: Fluch der Unterbrechung, zeit.de vom 25.4.2008, S. 1 und 4 a
14 Löffler, S. 61
15 Goleman, S. 260; McGowan, S. 46
16 Türcke, S. 55
17 Daniel Kahneman: Schnelles Denken, langsames Denken, Siedler Verlag 2014
18 Türcke, S. 54/55
19 Goleman, S. 260
20 Levitin, S. 98
21 zit. bei Levitin, S. 97
22 McGowan, S. 46
23 Foerde, K., Knowlton, B.J., & Poldrack, R.A. (2006): Modulation of competing memory systems by distraction. Proceedings of the National Acdemy of Science, 103(31), 11778–11783 (zit. bei Levitin, S. 97/98)

24 zit. bei Levitin, S. 170
25 vgl. Kullmann, S. 105
26 Levitin, S. 97
27 McGowan, S. 46–48
28 so Eilenberger, S. 42
29 Türcke Gespräch, S. 52
30 Metzinger, S. 59, und Kullmann, S. 109
31 Neudecker, S. 38
32 Goleman, S. 253 und S. 259
33 so Metzinger, zit. bei Kullmann, S. 110
34 Goleman, S. 29
35 Ernst, S. 24/25
36 Goleman, S. 117/118
37 Kullmann, S. 106, und Goleman, S. 67/68
38 Ernst, S. 22
39 Kullmann, S. 109
40 Ernst, S. 23
41 Hübl, S. 56
42 Hübl, S. 56
43 vgl. Neudecker, S. 37
44 Kullmann, S. 107
45 Neudecker, S. 38
46 Neudecker, S. 38f. – sog. »load theory« nach Nilli Lavie
47 Ernst, S. 25f.
48 Neudecker, S. 37
49 Kullmann, S. 107
50 zit. bei Kullmann, S. 112
51 Ernst, S. 29
52 Neudecker, S. 38
53 Neudecker, a.a.O.
54 Goleman, S. 69
55 Kullmann, S. 110
56 Goleman, S. 221
57 Goleman, S. 34
58 Goleman, S. 24
59 Goleman, S. 35
60 Ernst, S. 27
61 Goleman, S. 78
62 Goleman, S. 78f.

63 Goleman, S. 80
64 Goleman, a.a.O.
65 Goleman, S. 37
66 Goleman, S. 65
67 zu den Gehirnwellen vgl. Kapitel 4
68 zit. bei Goleman, S. 358
69 zit. bei Löffler, S. 60
70 Goleman, S. 211
71 Johan Schloemann: »Lernt gut lesen, das heißt langsam«, SZ vom 14.10.2015, S. 14
72 Goleman, S. 218/219
73 dargestellt Ferrucci, S. 125/126
74 Sebastian Herrmann: »Jetzt pass halt auf«, SZ vom 26.04.2016, S. 16
75 Goleman, S. 18
76 Hans Magnus Enzensberger: »Der Luxus der Zukunft«, zit. in: Der Spiegel 51/1996, S. 118
77 Goleman, S. 14; Ernst, S. 23/24
78 Ernst, S. 24; Goleman, S. 15
79 Fulterer, Ruth/Wilke, Felicitas: »Immer drin«, SZ vom 28.08.2015, S. 22
80 Goleman, S. 28
81 Bavelier u.a.: Brain on video games, Nature December 2011, 763ff.; Goleman, S. 228
82 Goleman, S. 229
83 Türcke Gespräch, S. 52, 54
84 Goleman, S. 232f.; ein in der Literatur häufiger zitiertes spezielles Spiel, Tenacity, soll mittels eines speziellen Spielmodus Konzentrationsfähigkeit, Aufmerksamkeit und Selbstwahrnehmung trainieren; weitere Einzelheiten unter: http://www.gameslearningsociety.org/games.php, abgerufen am 30.01.2016; soweit erkennbar, ist das Spiel nicht (mehr) käuflich zu erwerben.
85 Sherry Turkle: »Wir müssen aufhören, das Leben als App zu betrachten«, Interview in der Süddeutschen Zeitung vom 30.01.2016, Süddeutsche.de, URL: http://www.sueddeutsche.de/digital/soziologie-wir-muessen-aufhoeren-das-leben-als-appzu-betrachten-1.2841524, abgerufen am 31.01.2016
86 Sherry Turkle, a.a.O.

87 Sherry Turkle, a.a.O.
88 zit. bei Harro Albrecht: Hirn auf Hochtouren, Die ZEIT 35/2015, S. 29
89 Albrecht, a.a.O., S. 29
90 Albrecht, a.a.O., S. 29
91 Marcus Rohwetter: Ein Fehler ist aufgetreten, DIE ZEIT Nr. 29 vom 16.07.2015, S. 23
92 Goleman, S. 278
93 vgl. Goleman, S. 277
94 Beispiel bei Goleman, S. 271 f.
95 vgl. Goleman, S. 271
96 Quelle: https://de.wikipedia.org/wiki/Nokia, abgerufen 04.02.2016

Literaturverzeichnis

Bücher

Davidson, Richard J./Begley, Sharon: Warum wir fühlen, wie wir fühlen, Arkana, München 2012 (zit. Davidson/Begley)
Ferrucci, Piero: Werde was Du bist, Rowohlt, Berlin 2011 (zit. Ferrucci)
Gallagher, Winifred: Rapt: Attention and the focused life, Penguin, New York 2009 (zit. Gallagher)
Geffroy, Edgar K./Albiez, Doris: Herzenssache Mitarbeiter, Die neue Unternehmenskultur im digitalen Zeitalter, Redline 2016
Goleman, Daniel: Konzentriert Euch, Piper, München 2014 (zit. Goleman)
Griffey, Harriet: The Art of Concentration, Rodale, London 2010 (zit. Griffey)
Levitin, Daniel J.: The Organized Mind, Thinking Straight in the Age of Information, Dutton, New York 2015 (zit. Levitin)
Löffler, Petra: Verteilte Aufmerksamkeit, Eine Mediengeschichte der Zerstreuung, Diaphanes, Berlin 2013 (zit. Löffler)
Münchhausen, Marco von: So zähmen Sie Ihren inneren Schweinehund, Campus, Frankfurt a.M. 2002 (zit. MvM Innerer Schweinehund)
Münchhausen, Marco von: Wo die Seele auftankt, Campus, Frankfurt a.M. 2004 (zit. MvM Seele)
Rosen, Larry: iDisorder, Understanding our obsession with technology and overcoming its hold on us, Palgrave Macmillan, New York 2012 (zit. Rosen)
Türcke, Christoph: Hyperaktiv, Beck, München 2012 (zit. Türcke)
Zack, Devora: Die Multitasking-Falle, Warum wir nicht alles gleichzeitig können, GABAL, Offenbach 2015 (zit. Zack)

Aufsätze

Eilenberger, Wolfram: Das zerstreute Ich, in: Philosophie Magazin Nr. 2/2014, S. 38 ff. (zit. Eilenberger)

Ernst, Heiko: Konzentrieren Sie sich!, in: Psychologie Heute 2/2014 S. 21 ff. (zit. Ernst)

Hübl, Philipp: Beitrag in: Das zerstreute Ich, in: Philosophie Magazin Nr. 2/2014, S. 56 ff. (zit. Hübl)

Kedves, Jan: Generation Kopf unten, in: SZ Nr. 102 vom 03.05.2016, S. 9

Kullmann, Kerstin: Dranbleiben Bitte, in: Der Spiegel 11/2015 S. 105 ff. (zit. Kullmann)

Kupferschmidt, Kai: Die Gier nach Likes, in: SZ Nr. 261 vom 12.11.2015

McGowan, Kat: Die Supertasker, in: Psychologie Heute 11/2014, S. 46 ff. (zit. McGowan)

Metzinger, Thomas: Wie abgelenkt sind wir, Herr Metzinger?, in: Philosophie Magazin Nr. 2/2014, S. 59 (zit. Metzinger)

Neudecker, Sigrid: Die Kunst der Konzentration, in: ZEIT-Wissen Ratgeber Psychologie, S. 36 ff. (zit. Neudecker)

Schloemann, Johan: Lernt gut lesen, das heißt langsam, in: SZ Nr. 236 vom 14.10.2015

von Rutenberg, Jürgen: Zurück in die Gegenwart, in: Zeit-Magazin Nr. 29 vom 16.07.2015

Türcke, Christoph: Gespräch mit Svenja Flasspöhler, Das Zerstreute Ich, in: Philosophie Magazin Nr. 2/2014, S. 52 ff. (zit. Türcke Gespräch)

Artikel ohne Nennung des Autors

Multitasking? Vergiss es!, in: Psychologie Heute 2/2014, S. 28 ff. (zit MT)

Stichwortverzeichnis

Der Autor

Dr. Marco Freiherr von Münchhausen ist Jurist, Trainer, Berater und Autor mehrerer Bestseller (u. a. *Wo die Seele auftankt, So zähmen Sie Ihren inneren Schweinehund*).

In all seinen Büchern, Vorträgen und Seminaren beschäftigt er sich mit den wesentlichen Aspekten für ein erfolgreiches und erfülltes Leben und hat bereits mehr als einer halben Million Menschen zeigen können, wie sie ihre persönlichen Ressourcen bestmöglich nutzen.

www.vonmuenchhausen.de